U0037636

時尚 關鍵字

中野香織 著／賴庭筠 譯

國家圖書館出版品預行編目資料

時尚關鍵字／中野香織 著；賴庭筠 譯 —初版—
臺北市：信實文化行銷，2008.07
面； 公分
ISBN: 978-986-6620-05-8 （平裝）
1. 時尚 2.服飾

541.85   97009454

STYLE 05
時尚關鍵字

作　　　者：中野香織（NAKANO KAORI）

譯　　　者：賴庭筠

總 編 輯：許汝紘

主　　編：胡元媛

執行編輯：黃心宜

美術輯編：張尹琳

發　　行：楊伯江、許麗雪

出　　版：信實文化行銷有限公司

地　　址：台北市大安區忠孝東路四段341號11樓之三

電　　話：（02）2740-3939　　傳　　真：（02）2777-1413

網　　站：www. cultuspeak.com.tw

電子郵件：cultuspeak@cultuspeak.com.tw

劃撥帳號：50040687信實文化行銷有限公司

乘隆彩色印刷（02）8228-6369

圖書總經銷：知己圖書有限公司

（台北公司）台北市羅斯福路二段95號4樓之三

電話：（02）2367-2044　　傳真：（02）2362-5741

（台中公司）台中市407工業30路1號

電話：（04）2359-5819　　傳真：（04）2359-5493

2008年7月初版一刷

定價：新台幣280元

Content

Chapter 03 男女有別還是男女平等

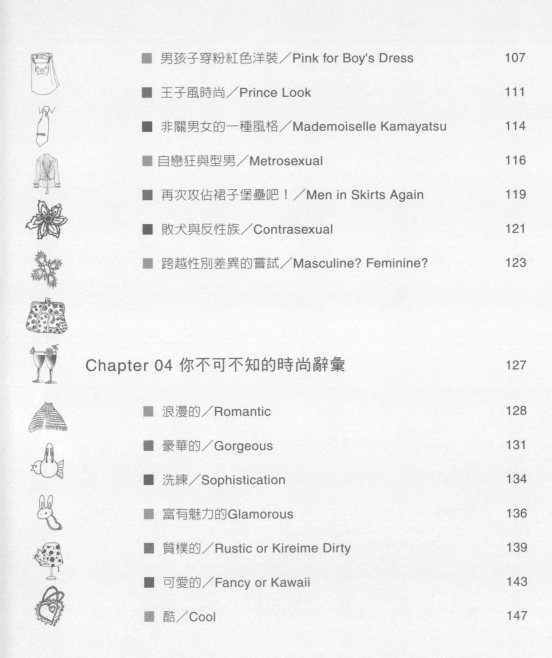

Chapter 05 解讀現代時尚的法則 163

【前　言】
絕不滿足於現狀的流行時尚

「時尚方程式」這個專欄在2001年8月於《日本經濟新聞》開始連載,筆者為了專欄最後的頭銜該掛什麼還考慮了很久。我必須針對「流行服飾」這個主題書寫,還要讓讀者易於理解,字數也要精簡,自稱「服飾史學家」的話應該還可以吧?最後我抱著「豁出去了」的心情,誠惶誠恐地這麼寫了。

回想起來,當時我已經出了和男性西裝有關的書,也發表了許多時尚相關的短篇文章,但是從「英國文化史」延伸出來專門討論「服飾史」的學問,卻付之闕如,我對這點一直很介意。

不過,既然有了這個專欄,我不就可以將所有的時尚都討論一下?這真是個絕佳的機會!我在蒐集和當代流行現象相關的題材之餘,也尋找「不為人知的時尚」的資料,在不斷地搜尋和調查當中,寫下許多讓我發出「哇!竟然是這樣啊!」這種喟嘆的驚奇事物。

　　總而言之，專欄連載一開始只約了半年，但後來竟可以持續到2005年，應該是「不為人知的時尚」還堆得像山一樣高的緣故吧！當然這也與新流行前仆後繼地為我們誕生，有很大的關係。本書的副標題「Satisfashion」，就是來自滾石樂團（Rolling Stone）一首叫〈Satisfashion〉的名曲，意思就是：「絕不滿足於現狀的流行時尚」。

　　但天下沒有不散的宴席，專欄的連載最後也到了尾聲，我不禁覺得我這個「服飾史學家」，其實是靠著各位讀者的栽培才生存下來的吧！專欄中的調查記載若有訛誤，與不周到之處，還請各位讀者不吝指教！

　　在分章整理眾多而龐雜的原稿時，有賴編輯川崎優子幫忙，還透過時尚達人大住憲生先生牽線，請新潮社的田中樹里小姐擔任編輯，才有本書的誕生，真的是非常感謝！也藉此在這裡向《日本經濟新聞》負責整理我稿件的歷代編輯：板津直快先生、鈴木由美子小姐、赤羽雅浩先生，以及美術設計清田貴代小姐，致上謝意。

　　如果對時尚不太關心的讀者，也能從本書中得到閱讀的樂趣，我會感到很幸福的。

中野香織

2005年1月

Chapter 01

不為人知的時尚小故事

T恤、球鞋、手提包、帽子、雨傘、毛衣、手帕……
這些時尚配件背後，
都有著不為人知的小故事，
交織出具有多元風貌的時尚小歷史。

不怕髒的卡其褲

Chinos

　　筆者曾經在一所不甚乾淨的大學教書，那環境真的是不怎麼乾淨。也許有人會問，到底是多麼不乾淨？筆者穿著當時流行的白襯衫前去講課，課堂結束後，身上的襯衫已經成了米色；而女性教師用的洗手間好不容易最近才掛上一面鏡子，也就是說，那是一個女生洗手間內沒有鏡子也不足為奇的環境。它的骯髒就是整體特徵的一部份。如果想要在這樣的環境下工作得方便些，該怎麼做才好呢？

　　其實當我在研究斜紋棉布褲的時候，發現有個人物也曾經為此所苦，並試著想要加以解決，那就是駐紮於印度的英國步兵聯隊司令官——哈利‧拉姆敦（Harry Lamden）。

　　當時英國的軍服是純白色的，但旁遮普（Punjab）這地方的風沙很大，重視軍隊紀律的拉姆敦，無法忍受部下們純白軍服有任何髒污。拉姆敦在思考對策的時候，心想如果軍服一開始就是風沙塵土的顏色，那些髒污是不是就不會那麼明顯？因此他在1848年，下

令管理軍用品的將官，用咖啡、咖哩或桑樹果實的汁液，將白色軍服染成黃褐色。

印度人稱這種染上新色的軍服為「卡其」（khaki），印度話的意思就是「風沙的顏色」。從那時開始，卡其色就在印度普及開來，到了1880年代，英國陸軍全體都採用了卡其色的軍服。

那麼，卡其色與斜紋棉布褲又有什麼關係呢？這與複雜的流通過程有關。

為了供應全體陸軍的軍服，英國曼徹斯特的紡織工廠生產了大量卡其色斜紋棉布（如木棉般堅韌的材質），布料再送往印度以供製作，而多餘的部份則是輸往中國。當時正值第一次世界大戰前夕，中國的軍隊又將這些布料賣給了駐紮在菲律賓的美軍，美軍稱這些來自中國的布料為「chino」（chino意指中國的），並用在陸軍制服上。第二次世界大戰後，以chino製成的褲子象徵著勝利，「chinos」（狹義來說便是指卡其褲）便成了一般常見的單品。

現在的卡其褲幾乎各種顏色都有，而它的起源竟是為了掩飾戰場的風塵僕僕。

為了向起源致敬，筆者特地穿上米色的襯衫，走在由白色轉米色的大學校園裡，等到要回家的時候，襯衫已經是茶色的了……，看來只有忽略自己的儀容才能解決這個問題了。啊！原來學校就是因為貼心，才一直沒有在洗手間掛上鏡子啊！

卡其色的手提包，如今也是時尚流行的百搭元素之一。

多口袋的狩獵夾克

Safari Jacket

很多男性總是想把手機、隨身聽、遊戲機、筆記型電腦隨時帶在身邊。因此針對這種需求，結合了3C與服裝，也就是所謂「可穿戴」（wearable）的設計愈來愈多。

像是目前在市面上可以看到的，有些西裝在背上配置可裝下筆記型電腦的口袋，或者在衣領設計讓耳機線能夠穿過的洞，不用多久，我們還可以買到在手腕部位搭載液晶畫面的服裝。

從2002年春夏就開始流行的多口袋服裝，筆者認為跟這個趨勢多少有些關係，這股熱潮經過2002年秋冬一直到現在，都還沒有退燒，除了多口袋的上衣以外，配置許多口袋的褲子也隨處可見。這就是所謂的「multi-pocket服裝」，而講到「口袋超多的服裝」，就會令人想到以前人們所穿著的狩獵夾克（safari jacket）。

狩獵夾克名副其實，就是指狩獵時穿的服裝，它還有另外一個名字——灌木叢（bush）夾克，就算進入灌木叢也不怕被勾破，還

要能耐得住赤道上的酷熱，以及可以收納維生工具的口袋。

最先製作出這種上衣的，是美國戶外衣料專賣店Abercrombie & Fitch（A&F），再經過無數次的改良，一直到了1923年，才成為我們現在看到的狩獵夾克。長度稍微過腰的狩獵夾克，採用襯衫式衣領，中央單排五個扣子，肩膀部份通常會縫上肩章，而前胸與其下共有四個外加的信封式口袋，口袋有打摺，開口以扣子固定，另外還會搭配與夾克同質料，並具有飾扣的腰帶。

而將狩獵夾克引入時尚潮流的，是作家海明威（Ernest Hemingway），當時他也是A&F的顧客，特別請他們在左袖上方配置一個專門擺放眼鏡的口袋，也就是所謂「model 476」款式，可以說是海明威式的訂作款喔。

狩獵夾克其實是第一次世界大戰時英國的陸軍軍服，現在的女性為了在寧靜的都會製造些狩獵的快感，並向軍服致意，也會穿著狩獵夾克。

而外露的口袋是十七世紀末才有的設計，在此之前，例如十六世紀，男子所穿著的緊身褲胯部的袋狀布（codpiece），就是拿來當口袋用。袋狀布也是使男性胯部突出的裝飾品，又稱「遮陰布」，當時的男性會將遊戲用的球類或橘子放在裡面。

狩獵風格的服飾，特徵是在為數眾多的大型口袋。

「希望能隨身攜帶」，並吸引他人目光的想法，古今皆然。

令人發汗又防水的毛衣
Sweater

　　筆者一直都以為毛衣的英文是「sweater」，那麼在英國也一定通用才是，但幾年前筆者旅居英國時，在當地最大的百貨公司，卻找不到叫做「sweater」的商品，陳列許多毛衣的架上，標示的卻是「jumpers」。過幾天，筆者還看到一家叫「Jumpers」的店，走近一看發現原來這是一間毛衣專賣店，才知道在英國毛衣稱為「jumpers」。

　　那我們所熟知的運動（工作）外套（jumpers），在英國是叫做什麼呢？毛衣專賣店的店員說，「那是sports jacket啦！」，而筆者其實是要找套頭毛衣（turtleneck），畫了張衣領外翻的圖給店員看，「啊，你要找翻領（polo-neck）的毛衣是嗎？」筆者才終於買到正確的東西。

　　英式英文中也有所謂的「sweater」，但當地人卻不用這個字，到底是為什麼呢？在《牛津字典》中，這個字有著「發汗物品」的

意思，以往指的是「低工資的重度勞動工作者」（或是高勞力的人）。一直到了1828年，才又有了「促進發汗的服裝」之意，但不是指人的服裝，而是給馬匹穿的衣服（可能是棉被之類）。

雖然在十九世紀末，「sweater」被普遍認為是體育服裝，尤其是騎腳踏車的服裝，但從1900年《裁縫雜誌》（*Taylor & Cutter*）上的一句話：「不論是誰穿上這種衣服，看起來都像個不懂禮儀的笨蛋」，我們可以了解，當時的「sweater」並非正式的社交服裝。

而溫莎公爵還是皇太子時，卻成功地改變了它的形象。1922年，他一身幾何圖案的編織毛衣與花呢燈籠褲，出現在貴族高爾夫俱樂部，讓人印象深刻。根據《紳士百科：二十世紀的男性時尚》（*Esquire's Encyclopedia of Twentieth Century Men's Fashion*）一書，「光靠一個人的力量，英國皇太子的光芒照亮了整個蘇格蘭海外的費爾島（Fair Island）」，所以後來人們將晉升社交服裝階級的毛衣，稱為費爾毛衣（Fair Isle）。

費爾島地處蘇格蘭北方的奧克尼（Orkney）與謝特蘭（Shetland）群島之間，人煙十分稀少。

艾倫毛衣通常保留羊毛灰米白原色澤，圖案針法的不同，象徵不同的家族。

（左圖）費爾島毛衣以明色調的
雜色紗線織造是其主要的特色。

（右圖）漁人毛衣採用保有羊毛
脂的毛紗因而具有防水性，典型
的針法混合麻花、垂直菱形及結
粒形圖案。

　　現代毛衣始祖的費爾毛衣、蘇格蘭阿朗島的艾倫毛衣（Aran Tweed），以及英國千諾群島（Channel Islands）的耿西毛衣（Guernsey），並稱漁人毛衣（fisherman sweater），是漁夫們的工作服，不只因為未脫脂羊毛織成的毛衣含有油脂，因此十分防水，非常適合捕魚；而毛衣上獨特的編織圖案也有家紋的作用，萬一漁夫們遇難，可以靠毛衣上的圖案來辨認身份。

　　在1920年代照亮費爾島的，其實是將英國皇太子視為時尚教主的美國人們。美國式的「sweater」是以脫脂後的羊毛織成，「sweater」背後有著漁夫的悲慘故事與揮汗如雨的歷史，難怪英國人會認為「只有外國人才將『sweater』掛在嘴邊」。

胸前開襟的羊毛衫
Cardigan

天寒地凍時絕對不能少的單品，就是開襟羊毛衫。

劇作家宮澤章夫先生曾經在散文集《牛への道》中，有：「世上沒有穿開襟羊毛衫的大壞蛋」這樣爆笑的句子。沒錯，穿著開襟羊毛衫的男性的確散發著沉穩、善良的氣質。

跟毛衣比起來，開襟羊毛衫的優點是不用擔心弄亂頭髮或是打翻眼鏡，可以直接穿脫，因此受到年長男性的歡迎。而且大部份的開襟羊毛衫都有口袋，可以放鑰匙或零錢，感覺上又更家居、更恬淡了些，與野性兩個字八竿子打不著。

不過，儘管開襟羊毛衫是那麼地適合閒情逸致的畫面，但它卻出生於煙火瀰漫的戰場，那是英國、法國、土耳其、薩丁尼亞與俄國的克里米亞戰爭。

率領英國輕騎兵隊的卡迪根（Cardigan）伯爵七世，在這場戰爭中揚名立萬，被尊為英雄，在流傳下來的卡迪根伯爵肖像畫中，

羊毛衫可以不用擔心弄亂頭髮而直接穿脫，十分受到長輩喜歡。

他穿著合身的櫻桃色長褲，和一襲鑲著金邊的寶藍外套，而且當時他受了傷，因此還披著鑲金邊的羊毛披肩。華麗的羊毛披肩飄揚在血流成河的戰場，成了現在針織羊毛衫的始祖。

值得一提的是，卡迪根伯爵在克里米亞戰爭之前的1843年，就曾經與人決鬥過，同年他的不倫姦情被揭發，為了隱瞞實情，他甚至把目擊者滅口，以現代的眼光來看，他是個不折不扣的大壞蛋吧。

開襟羊毛衫在1868年才演變為現在我們所看到的樣子，不論有沒有袖子，前方一定都有一排鈕釦。

使開襟羊毛衫大放異彩的，是男演員雷克斯・哈里遜（Rex Harrison），他在歌舞劇《窈窕淑女》（My Fair Lady）中，飾演亨利・希金斯（Henry Higgins）教授一角，那穿著開襟羊毛衫的風采風靡無數影迷，不過我們如果仔細想想，希金斯教授為了滿足一己之私，硬將女性改造為自己理想中的形象，也算是個壞蛋吧。

乍看之下毫無攻擊性的開襟羊毛衫，原來潛藏了壞蛋的魅力，難怪人家說：「男人不壞，女人不愛」了。

具有靈魂的波洛領帶
Bola Tie

筆者有一天收到一位讀者的來信，這位讀者在信裡寫道：

「我爸爸想要一個波洛領帶（loop tie），那是不是只有老年人才會戴的東西呀？」

波洛領帶，就是配有金屬等飾扣的Ｙ字領繩，印象中大多是享受退休生活的風流紳士才會配戴，不過印象歸印象，還是讓我們來查一下它的起源吧。

一開始，我們就遇到了麻煩，因為英文字典裡沒有「loop tie」，這個詞是日式英文。美式英文稱它為「bola tie」。

「bola」指的是拋繩，南美洲的牧童用它來絆住動物的腳，進而加以捕捉。1940年代美國亞歷桑那州的銀匠，從這種

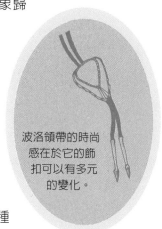

波洛領帶的時尚感在於它的飾扣可以有多元的變化。

道具獲得靈感，作出一種以飾扣固定的繩狀領帶，就是
「bola tie」的始祖。

　　現在市面上的波洛領帶的種類真是形形色色，有各
式各樣的紐繩材質與顏色，搭配五花八門的飾扣，真
是風情萬種，像是皮繩與綠松石的組合，只要花些巧
思稍加設計，相信女性們也願意配戴，使它變身為
流行配件。

　　波洛領帶明明有著躋身時尚行列的潛力，也有如此狂野的歷史
淵源，為什麼卻總是賦予人們青春不再的印象呢？波洛領帶的發源
地亞歷桑納州，得要負很大的責任，因為亞歷桑納州為了推廣波洛
領帶，竟然在1973年將波洛領帶定為「亞歷桑那州法定領帶」，甚
至設立了名為「波洛領帶協會」的公家機構。民族風工藝品一旦與
政府法律扯上關係，就不再有時尚性可言了。

　　雖然日本跟亞歷桑納州距離遙遠，但波洛領帶還是讓人覺得老
成，那是因為大多數的波洛領帶都搭配了民俗風工藝品或者厚重的
半寶石，讓人聯想起那些在觀光地陳列的紀念商品。

　　其實，擁有狂野背景的波洛領帶，絕對不是「老人用品」，它也
潛藏了年輕的力量。你知道嗎？有位住在亞歷桑納州的老先生，還
將手術取出的膽石當作飾扣，作成了專屬於自己的波洛領帶，像這
樣高難度且具有靈魂的作品，是年輕人怎麼樣都無法匹敵的。

　　或者應該說波洛領帶是蘊藏時尚元素的「老人用品」呢！

東方風味的褲裝睡衣

Pyjamas

■

■

■

聽說到日本觀光的外國時裝設計師們，最喜歡到陳列著各色忍者鞋（分趾鞋）、工作服的工作服專賣店。

在《BRUTUS》這本日文雜誌中，有一個針對外國人設計的東京導覽專欄，外國人真的會喜歡一些在地人不屑一顧的東西。聽說幾年前，英國的電影導演──麥可・李（Mike Leigh）到日本時，深受日本商品包裝紙吸引，收集了非常多的包裝紙。

而且外國人也會突發奇想，以完全不一樣的方式穿著當地的服裝，像是和服（Kimono）。十九世紀時，許多到日本的觀光客會買和服，當作是在房間穿的寬鬆睡袍（dressing

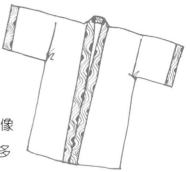

和服的寬鬆舒適，通常被外國人拿來當睡袍使用。

「和服」的日文發音為「Kimono」，而後在英文除了「和服」一意之外，還含有為「和服式女性晨袍」的意思。

ｇｏｗｎ），完全無視禮品店裡的說明：「Kimono——送給外國友人最貼心的禮物」。

以同樣模式流傳到西洋世界的「東方服裝」，還有「褲裝睡衣」（pyjamas）。

「褲裝睡衣」起源於伊朗語的「ｐａｅ ｊａｍａｈ」，意思是「包著腳的服裝」，在印度與中東地區相當普遍，是一種以繩子圍腰而穿的寬鬆褲子。

西洋人原本流行穿著長袍入睡，到了1880年左右，西方開始流行起東洋風，人們將「pyjama suits」這種服裝從殖民地帶回母國，從此便成為男性的睡衣，人們也才開始穿褲子睡覺。不過，褲裝睡衣成為主流又是半個世紀之後的事情了，就服裝史的說法，導火線是1934年的電影《一夜風流》（*It Happened One Night*），當時性感象徵的男演員克拉克·蓋博（Clark Gable）在片中有穿著褲裝睡衣就寢的畫面，褲裝睡衣才真正成為主流。

1920年代末期至1930年代，褲裝睡衣也快速地在女性之間普及開來。當時女生們流行穿著睡衣通宵聚會，舉行所

寬鬆舒適的褲裝睡衣，原來是不折不扣的東方服飾。

褲子寬鬆卻質地華麗的「褲裝晚禮
服」，通常上身為露肩式設計。

謂的「睡衣派對」。而後可可·香奈兒（CoCo
Chanel）將睡衣的概念納入休閒服中，設計
出的「beach pyjama」，成為休閒服中不可或
缺的單品之一。香奈兒還設計了一款「evening
pyjama」，還穿著它出席正式的晚間餐會。

　　平時就穿著pae jamah的印度老爹，應
該無法想像他身上的那套衣服，會有如此
曲折的故事，甚至還成為了香奈兒的昂貴社
交服裝。

　　相信不久的將來，就算是「燈籠褲」還是「忍者鞋」出現在巴
黎時裝周，也不是什麼值得大驚小怪的事情了。

吐露眞言的手提包

Bags

提到凱莉（Kelly）與柏金（Birkin），是不是就讓您想起了愛馬仕的名牌手提包呢？這兩款皮包就是以兩位女性的名字為名，她們是已故摩納哥王妃葛莉絲‧凱莉（Grace Kelly）與女明星珍‧柏金（Jane Birkin）。很多人可能以為因為女性與手提包之間密不可分，才會以女性的名字來為手提包命名，其實不然，也有以男性名字命名的手提包，那就是格萊斯頓（Gladstone）與杜勒斯（Dulles）。

在1984年，原是愛馬仕為法國家喻戶曉的傳奇歌姬珍柏金所設計，大且深的包身，方便剛當媽媽的她攜帶各種嬰兒用品。

這兩個都是指男用名牌手提包，也是政治家的名字，這兩位喜好手提包的政治家，分別是擔任四屆英國首相的威廉‧尤爾特‧格萊斯頓（William Ewart Gladstone），與在二次世界大戰後前往日本的美國國務卿約翰‧福斯特‧杜勒斯（John Foster Dulles）。

凱莉包的外觀端莊，前方有一個典雅的四方鎖，是具實用性的經典款。

格萊斯頓包其實就是旅行包，在1882年被命名時，指的是打開後由中央分成兩片的輕型手提包，現在主要是指開口很大的旅行包。格萊斯頓包又稱「大口包」，顧名思義，它開口很大又可以裝很多東西，裡面隔層分明，打開之後一目了然，攜帶又方便。格萊斯頓有「偉大平民」之稱，在歷代英國首相中，不管是於公於私，他都最為活躍，首相與手提包間也有著異曲同工之妙。

而杜勒斯包，指的是放置文件的公事包，這種包包只要將中央的飾扣打開，開口就能大大地展開。上面提到的手提包，都是以蝴蝶扣來固定開口。蝴蝶扣是1826年由巴黎高迪歐（Godio）所設計，現在市面上那種「便當盒」型的公事包採用的金屬開關，也胎脫於高迪歐的設計。

說到便當盒，就會讓人想到公文箱。英國皮件製造商布萊恩‧費尼根（Brain Finnigan）在1851年的博覽會上獲得金牌獎的，就是這種公文箱。當初他們是以一個人就能帶著走的書櫃為構想，在公事包裡配置了隔間與抽屜，平坦的表面還可以拿來當做書桌。1900年代開始，大使與其隨從（attache）開始使用這種公文箱後，就被大家稱做「attache case」。

格萊斯頓包其實就是旅行包，開口很大為其特色。

然而不論是女用包，還是男用包，它們的原型都出自於十四世紀放置貴物品的

安東伸介（Anton Shinsuke，1932-2002年）：慶應義塾大學名譽教授。曾經擔任英日文化交流協會會長，專攻中世紀英國文學，亦曾經前往英國劍橋大學擔任訪問教授，是一位國際化的日本紳士。安東先生在倫敦高級襯衫店「Turnbull & Asser」訂做襯衫時，一開始就做了六件，他問店員說「我這樣像不像要參加牛津與劍橋的考試啊？」，店員答道「像極了」，於是他就說了「那你要給我獎學金啊！」引起店內一陣鬨堂大笑，T & A的店員到現在都還記得這件事情呢。

手提包。當時，手提包被稱之為「budget」，也就是我們現在所說的「預算」。當英國財務大臣在議會提出預算案時，會說「展開預算」（open the budget），這個說法就是來自打開手提包讓人得以一窺堂奧的動作。在古代，「open the budget」這句話也有著「吐露心聲」的意思。

杜勒斯包是今日公事包的原型。

公文箱的設計來自於想將書桌帶著走的創意。

　　手提包內總是令人驚奇不已。講到公事包，大家也會聯想到007詹姆士·龐德（James Bond）那需要特殊工具才能打開的手提包，筆者與恩師有次在英國碰面時，他忽然從公事包中拿出途中在露天市場買的沙丁魚……，筆者稱這種內容物令人驚奇的手提包為「安東包」，而安東包的始祖——安東伸介先生，已於2002年過世，因此我們再也無從得知，他到底丟了公事包裡的哪些東西，才裝得下那些沙丁魚了。

帽子戲法

Hat Trick

■

■

■

　　日本在世界盃足球賽前夕，都會販售國際足球聯盟（Federation Internationale de Football Association，簡稱FIFA）授權商品「Hat Trick Bra」。

　　這種所謂「帽子戲法」（Hat Trick）的內衣，是指在胸罩的兩個罩杯以及內褲上，畫上三個足球，而黛安芬曾經設計過「加油！春麗（Haruurara，是一匹屢戰屢敗的賽馬，在日本相當具有高人氣。）！」、「禁菸宣言」、「構造改革」等令人發噱的「阿呆內衣」，每一次都吊足人們的胃口。

　　三個球的帽子戲法，並不僅指於足球，在其他賽事中，一個選手得三分，或者贏得三場比賽，都可以稱為「帽子戲法」。這個用詞起源於英國的板球運動（規則跟棒球類似），如果投手能連續讓三個打者出局，便可以獲得一頂帽子。

　　所以帽子戲法的意思就是：「能夠獲得帽子的妙技」，根據紀

錄，歷史上第一位獲得帽子的是史蒂文生（H. Stevenson）。雖然沒有紀錄當時頒發的是哪一種帽子，但還是讓人不禁回味起那個帽子等同於身分象徵的年代。

戴帽子的習慣目前已然式微，但在炎熱的夏季，我們還是可以看到帽子的身影，像是極為輕巧、沒有內裡的夏季用帽，其中最具代表性的，就是巴拿馬帽（Panama hat）。

巴拿馬帽可說是男女皆宜的夏季實用避暑單品。

巴拿馬帽並非巴拿馬製造，而是以厄瓜多爾產的最為常見，這種帽子是用別名為「Jipijapa」的巴拿馬草做成，人們採集它的嫩葉，將其撕開在太陽下曝曬後，再以人工密編而成。從以前到現在，南美洲的人們在戶外勞動時，都會戴上它，據說建設巴拿馬運河的技術師與工人對它相當青睞，因此將它傳至北美與歐洲。

1906年，美國總統老羅斯福（Theodore Roosevelt）在巡視巴拿馬運河工程時，拍下一張戴著它的照片，「巴拿馬帽」的知名度因而迅速竄升，後來還受到英國王室成員與美國影星的喜愛，確立了它的時尚地位，甚至在1985年被康藍（Conran）財團選進「史上100大設計」裡。一直到今日，它都是兼具優雅與機能性的夏季實用單品。

另一位夏季常客，則是以麥桿製成的圓鋸帽，它原本是屠宰業者為了避免血滴濺到的慣用帽。若將麥桿帽的頂部做成稍低的四角

形，便是四角麥桿帽。這種帽子自1920年代就開始流行，在亨利皇家划船賽（Henley Royal Regatta）是不可或缺的小道具之一。

麥桿帽反映出中世紀流行的田園風格。

有時候我們在日本東京的原宿街頭，可以看到一些年輕女性將這種古典的夏季用帽稍加設計，增加其流行感。原本是懷舊時代叔叔們戴的帽子，現在卻出現在化了妝的女性頭上，這種演變還真是有趣，帽子施的這種魔法，是不是也可以稱為「帽子戲法」呢？

傘中的祕密

Umbrella

雨傘的功能是什麼？當然是用來遮雨的。

但筆者幾次在英國倫敦街頭目睹手裡拿著傘的紳士們，一遇到下雨就馬上鑽進計程車裡的畫面，心裡便開始狐疑了起來。對他們來說，雨傘是什麼呢？

調閱了肖像畫與服裝畫後，筆者赫然發現一件事，那就是畫中的雨傘幾乎都捲得細細長長，打著傘的紳士只有在諷刺畫裡才看得到。最初是博愛主義者喬納斯・漢威（Jonas Hanway）於1756年前往葡萄牙旅行時，將當地的雨傘帶回英國，但英國的孩子們看到雨傘後，笑得人仰馬翻，他們甚至還會扔石頭攻擊雨傘，到了十九世紀後半時，雨傘才進入人們的畫作當中。而令人感到意外的是，一直到1787年，英國才開始有了雨傘的製造。

當時的上流人士是不會自己撐傘的，而是由僕人或侍從幫他們撐傘，如果自己撐傘走在路上，旁人就會加以解讀，認為這個人一

定是沒有自己馬車的低下階級。當時已經走入市民社會，愈來愈多的人必須自己撐傘，因此雨傘也得以普及。

那麼，曾經被認為是低下象徵的雨傘，又是如何成為紳士必備的單品呢？這與1815年滑鐵盧一役中打敗拿破崙的英國英雄——威靈頓公爵有關。1813年時，威靈頓公爵看到皇家衛隊為了不使華麗的軍服淋溼而撐傘，說了以下這段話：

「如果皇家衛隊穿著軍服走在倫敦的聖雅各（Saint James），帶著傘看起來也還不錯，但是在戰場撐傘，只會讓人看笑話而已，一點都不適合。」

明明這段話的重點是「在戰場不要撐傘」，但是皇家衛隊們卻非常在意前半段的說詞，將「帶著傘看起來也還不錯」這句軟化過的用語，解釋為公爵十分推崇雨傘。

倫敦自此才開始可以看見帶著雨傘的皇家衛隊。隨著時代變遷，皇家衛隊不再穿著軍服，而改穿一般市民的服裝，但這像是一種義務，他們的服裝一定是「禮服外套、高帽子與捲得細細的傘」。

原本是具遮雨功能的傘，是19世紀英國紳士的必備單品。

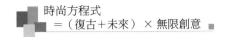

　　從肖像畫來推測，我們可以得知這種「捲得細細的傘」，取代了一直以來象徵著凡事不需親力親為的紳士必需品——手杖。

　　手杖在全盛時期有著各式各樣的設計，甚至有那種只要按一個鈕就能將射出劍的防身手杖。雨傘也繼承了「魔法杖」的傳統，目前王室御用的Swaine Adeney Brigg還製造出只要打開把手就能變身成椅子的雨傘呢！

　　而「遮雨」對於魔法杖來說，只能說是雞毛蒜皮的小技倆而已，也許就是因為這樣，這個功能才不被大家所重視吧。

長筒橡膠靴
Wellingtons

　　當人們在梅雨季去除雜草時，絕對少不了一雙長筒橡膠靴，而這種長筒橡膠靴在英式英語中稱為「威靈頓靴」（wellingtons）。字典裡是這樣寫的：它與滑鐵盧一役中打敗拿破崙的威靈頓公爵有關。

　　為什麼二十世紀初的人們在命名這種長筒橡膠靴時，還要特別取個一百多年前的英雄人物名字呢？到底公爵與長靴之間的關係有多麼密切？調查之後，我們發現了一幅令人印象非常深刻的漫畫。那是一幅繪於1827年的時事漫畫，威靈頓公爵頸部以下變成一雙大靴子，下面寫道：「威靈頓・長靴，這是我們的陸軍總司令官」。

　　之前的靴子，靴筒都會反摺，還要加上許多華麗的裝飾品。然而漫畫裡的那雙長靴，正是被稱為威靈頓鞋的元老，最大特徵是黑色皮製，而且是沒有反摺的簡樸設計。在幾份資料中，也記載了威靈頓公爵很注意士兵們的長靴在戰場上的狀況，他讓世人了解到，戰場上攸關生死也是輸贏的最重要關鍵，就是士兵們的長靴，這就

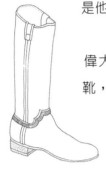

威靈頓靴是以具防水性的加工皮革裁製而成，儉樸的外觀以達重機能性的目的。

是他享有盛名的原因之一。

政論家白哲特（Walter Bagehot）曾說：「所謂偉大的軍人，就是像威靈頓公爵這樣滿腦子部下的長靴，沉著而冷靜的男人。」

既然威靈頓公爵已經被神化至此，那麼與軍用長靴相同造型的橡膠長靴以他來命名，也不是什麼值得大驚小怪的事情。但是公爵為什麼要採用如此簡樸的靴子呢？無論怎麼看，十九世紀初期的軍服都非常地華麗，為了誇示軍人的威儀，使用勳章與金色纓穗來裝飾軍服。

當時英國的海軍統帥赫拉提歐‧納爾遜（Horatio Nelson）在1805年的特拉法加（Trafalgar）戰役中，就是堅持在船上也要軍裝筆挺，才被敵方擊中，儘管最後是打了勝仗，但納爾遜還是回天乏術。因此，威靈頓公爵主張簡樸軍服。滑鐵盧之役中，他一身襯衫配上黑色大衣，沒有繫領帶的簡約模樣，讓眾人為之一驚。在那之前，軍人都是穿著貴族般的及膝馬褲，也就是五分褲，而威靈頓工爵為了要在劃時代的長褲下穿長靴，因此他的長靴不反摺，也盡可能地排除不必要的裝飾品，這一切都是為了要將軍服的機能徹底發揮出來。

也許公爵沒有想過自己的名字竟然會變成橡膠長靴，但是現在的威靈頓，仍然扮演著完成任務的重要關鍵，能否成功剷除沾滿雨水的雜草，就看這雙強調機能勝於外表的橡膠長靴了。

球鞋的偉大發明
Sneakers

由保羅與克里斯這對兄弟（Paul & Chris Weitz）執導的《非關男孩》（*About a Boy*）中，主角是一位38歲的花花公子，他一直避免與其他人有進一步的接觸，卻在奇妙的機緣下，認識了一個12歲的少年，並在得知少年被學校同學欺負後，馬上採取了行動。

那就是跟少年一起去買球鞋。

由於這個故事是以英國為背景，因此就算字幕打出「sneakers」，他們在對話時，還是使用英式英語中的「trainers」一字。

因為對方是個男孩子，他才會這麼做的吧，要在學校受人歡迎，時下流行的球鞋是一定要的。其實不只是學校，只要提到現代服裝，少了球鞋就不算完整。在汽車公司與鞋廠的合作下，許多具未來感的球鞋陸續上市，也生產了許多款僅此一件的復刻版球鞋，在2002年春夏造成轟動的男性商品，就是白色古典球鞋。

球鞋的豐富多樣性超乎市場想像，我們該如何定義球鞋呢？而

球鞋又是如何誕生的呢？球鞋（sneakers）在美式英語中，指的是「躡手躡腳走路的人」，也就是說，當時這種鞋子最大的特徵就是「不會產生腳步聲」。這是因為球鞋的底大多是以橡膠製成，可是大家知道嗎？如果沒有這個人，就不會有膠底鞋……。

球鞋的豐富與多樣，並不亞於上班族的高跟鞋。

這個人就是查爾斯・固特異（Charles Goodyear，1800-1860年）。經過一番研發，他終於在1839年，將橡膠與硫磺混合再以高熱處理，成功製造出不論氣候如何都能保持彈力，並且能附著於任何素材上的硫化橡膠。雖然之後的橡膠工業深受其益，但固特異本人卻沒有因而獲得什麼好處，甚至還因為背負大筆債務而入獄，終其生都過著窮困潦倒的生活。

最早的球鞋，是將帆布鞋加上橡膠底，傳說這是其子查爾斯・固特異二世的構想，但「發明」球鞋登記在案的，卻是1892年併購固特異的美國橡膠公司（The U.S. Rubber Company）。固特異一世曾經留下這麼一句話「我種下的樹，果實由別人來採也沒有關係，怕的是種樹之後，卻沒有人得到任何好處。」

所以能讓後來的我們享受如此舒服的球鞋，也算是他的一個收穫吧。但一想到偉大發明家一生不幸的遭遇，還是忍不住放輕了腳步。順帶一提，1898年創業的固特異輪胎橡膠公司，與固特異家族並沒有任何關係，純粹是為了對偉大的發明家表示敬意，才如此命名。

象徵自尊的手套

Gloves

最近筆者隨意翻閱某化妝品公司的購物目錄時，不禁留意到「顧客們的Q & A」。

Q：「聽說尿素對手腳龜裂很有效，可是『尿素』是用誰的尿做成的呢？」

A：「化妝品使用的是化學合成的尿素，敬請安心使用。」

看到這裡，原本有點擔心的我，也稍微鬆了一口氣，在安心的同時，馬上聯想到的是十六世紀的皮手套。

在鹿島茂先生《上等舶來──法國故事》一書中，曾經提到凱薩琳・德・麥迪奇（Catherine de Médicis）時代的手套：「當時的人們使用人尿來軟化皮革，為了消除那種味道，所以有將手套浸泡於香水裡的習慣」。

人們到了1828年，才開始採用化學合成的尿素，在那之前若是想要軟化皮革，大概也只能依靠自然的力量吧！

連指手套主要是為孩童或
滑雪者保暖用。

不久，英國市面出現了如莎士比亞在《冬天的故事》（*The Winter's Tale*）中提到的「有著大馬士革玫瑰香味的手套」，如果法國與英國的習慣相同，那麼他所形容的玫瑰香味，也是用來消除異味的吧。

　　無論味道如何，我們都可以知道，從那時開始，手套就已經是人們生活的必需品了。特別對於男性來說，那更是自尊的象徵，若有人傷了自己的尊嚴，「拋出手套」這個動作，就表示要與對方決鬥，對方將手套拾起，就表示願意接受挑戰。丟了手套，也就丟了尊嚴。

　　因此手套必須與手指緊密結合才行，要縫合得非常精準，現在的皮手套都只縫合手指前後，而且為了在手指間留下空隙，而顯得較厚，但是縫線的部分，還是跟以前一樣稱為：「stitch」，而「如手套般完全相合」（fit like a glove）這句話也一直留傳至今。

　　說到手套（glove），大多數的人會想到五根手指的手套，和大姆指與其他四根手指分開的連指手套（mitten），其實「mitten」的語源就有「一半」的意思，十八世紀起出現的露指手套也稱為「mitten」。也就是

飾以刺繡的白色長手套，法語稱為「gant」。

說，不管是連指手套或是露指手套，在英語中都稱為「mitten」。

十九世紀末的女性流行在跳舞時，穿戴這種「露指手套」，二十世紀末時，基於「方便拿錢」的理由，露指手套又重新活躍於市面上，現在的露指手套則是因為「就算做了指甲彩繪也可以使用」，而受到眾人的重視。

露指手套，起始於美國殖民時期，原為毛質織物所裁製。

求愛用手帕
Handkerchief

在花粉飄揚的季節，總是能在電車上聽到擤鼻子的聲音。筆者在坐電車時，聽到一個特別大的聲音，轉頭一看，原來是一位像是到日本來出差的外國人，他用類似手帕的東西使勁地擤了擤鼻涕，然後隨手將它揉成一團放進西裝口袋。雖然筆者在那一瞬間有點吃驚，但其實這種景象在英國十分常見，用單手擤鼻子也不是什麼大不了的事情。

什麼時候人們開始盡情地用手帕擤鼻子呢？

人們於1530年開始使用「handkerchief」這個字，將這個字分解後就成了「hand-ker-chief」，「hand」是「手」、「ker」是「包」、「chief」則是「頭」的意思，也就是說「拿在手上，用來包頭的布」。

包頭的布？

我們發現了這樣的說法，在騎士盛行的年代，地位崇高的女性

若是愛慕某位男性，會將一張四角形的布交給他，而接受其愛意的男性則會將布放進頭盔裡，這就是「包頭的布」。後來把手帕拿在手上，也成為貴婦人日常的一般禮儀……。

也就是說，手帕原本是求愛的工具，那麼，故意在喜歡的人面前掉下手帕，讓他撿起來的這種老掉牙手法，不就剛好符合手帕的歷史由來嗎？根據《牛津字典》的說法，這種充滿浪漫氣氛的工具，馬上就具備了實用性的功能：「是用來擦拭臉、眼睛、鼻子的物品」。

在筆者的想像裡，由於手帕與餐巾的形狀極為類似，而餐巾是我們吃飯時，用來擦手與嘴巴的，是不是為了要與餐巾有所分別，才讓手帕負責手與嘴巴之外的部位呢？

手帕一直都是貴族的象徵，法國大革命時，用來擤鼻子的不是手帕，而是手指！如果用手帕來擤鼻子，甚至會有被送上斷頭台的危險，是件攸關生死的事情。原來是這樣，因為以前不能這麼做，現在的歐洲人才會用手帕擤鼻子擤得這麼誇張吧！

不管是用來擦哪個部位，手帕都擁有浪漫與實用兩種趣味，因此坊間的服裝書才會建議大家帶著兩條手帕出門，一條是實用的，一條屬於浪漫的，而在回家之後，兩條就都成了實用的手帕。

餐巾與手帕其實是有不同的功能，可千萬不能混為一談。

超級 T 恤

T-Shirt

　　能夠說明近來潮流的一個字眼，就是「超級基本款」（super basic）。

　　「超級基本款」指的就是每個人都有的單品，但只要利用個人美感，好好搭配顏色與細節，就能使普通的單品充滿新鮮感。在這樣的潮流當中，最受注目的當然就是基本中的基本單品──T 恤。

　　幾乎每個名牌都有正式場合也能穿著的 T 恤，每件單價大約是五萬日圓（約合新台幣一萬四千元）左右。有的 T 恤會搭配皮草或珍珠等物品，有的會在袖子、肩膀的部份加以設計，而畫上街頭風圖案的 T 恤，也逐漸成為一種「趨勢」。甚至有的設計師會強調自己的 T 恤不是服裝，而是一種藝術。日本「Beams T」就是因為販售與藝術家合作的 T 恤「作品」，而享有盛名。也就是說，現在流行的是超越一般 T 恤的「超級 T 恤」。

　　T 恤由於平鋪開後是 T 字形而得名，它單純的造型裡卻蘊藏了

變身「超級」的無限可能。你知道嗎？這種Ｔ恤原本是法國人穿的手工內衣！

第一次世界大戰時，美軍穿著的是連身內衣（union suit），而當他們在法國登陸時，十分中意同盟國中法軍穿著的Ｔ恤，因而將其帶回美國，並加以發揚光大。

Ｔ恤自1930年代開始，在工廠大量生產，並在第二次世界大戰時成為美軍的配給品。在服飾史中，將Ｔ恤由內衣升格至外衣的契機，是1950年代的美國電影。

《慾望街車》（*A Streetcar Named Desire*）中，馬龍‧白蘭度（Marlon Brando）穿著緊身白Ｔ恤的劇照，現在仍為人津津樂道，而詹姆士‧迪恩（James Dean）在《天倫夢覺》（*East of Eden*）、《養子不教誰之過》（*Rebel Without a Cause*）中的形象，亦延續其精神。然而做為反傳統象徵的Ｔ恤，在五十年後成了世界上男女老幼的日常固定單品，現在更成了正式社交服裝與藝術品的超級Ｔ恤。

雖然如此，就算花大錢買了超級Ｔ恤，在不了解的人眼中看來很可能只是一件「普通Ｔ恤」而已。超級Ｔ恤之所以超級，與其說是設計突出，不如說是以資訊取勝，但只限於識貨的人，才能理解它的價值所在，這一點可能也是它受歡迎的原因吧！

Ｔ恤所代表的時尚經典，可說是歷久不衰。

奢華的實用斗篷

Cape

早晨或晚間時間有點涼意，但穿上大衣又顯得太多，這時我們就會需要喀什米爾羊毛衫（cashmere）或披肩（stole），而2003年開始，又多了「季節商品」披風外套（poncho）與斗篷（cape）。

披風外套的原型是種簡單的套頭服裝，這種來自南美洲的套頭服裝，在白天是禦寒服裝，到了晚上人們則將它當做棉被來使用。美國設計師邦妮‧卡欣（Bonnie Cashin）在1960年代的時裝展中，展示了以毛海（安哥拉山羊毛）製作的披風外套，從那時開始市面上就出現了各式各樣的披風外套。

雖然起源於民族服裝的披風外套，總是給人休閒的感覺，但到了今天，隨著「奢華休閒風」的流行，也有不少高貴華麗的設計。另一方面，雖然斗篷也是遮蓋背、肩、胸的無袖上衣，但與披風外套不同的是，斗篷多採用前開式的設計。

維多利亞時代的女性們豐富了短斗篷的設計，而這些設計受到

現代人的強烈喜愛，像是「淑女風」、「明星風」等，都能看見短斗篷這樣單品。這種不是由頭頂套入，而是採取前開式的斗篷，能夠凸顯女性們充滿魅力的肩線，而它稍微限制上手臂活動的設計，也非常符合「淑女」的氣質。

披風外套，又稱為「龐裘」，以整塊布中央開個洞以供頭不伸出，披掛在穿著者身上。

現在看來散發十足女性光芒的斗篷，其實在中世紀與近代，也是男性們的常用品。在十六世紀的歐洲，裝飾豪華的斗篷是紳士們的象徵，像是英國稱為「cloak」的無袖外套，在西班牙與葡萄牙則是「capa」。當葡萄牙的傳教士前往日本時，他們穿的斗篷被日本人當成了雨衣，所以日文的「雨衣」就念作「合羽」（ガッパ，capa）。日本戰國時代的武將上杉謙信，曾經穿過一件舶來品斗篷，那件天鵝絨的「赤地牡丹唐草文樣天鵝絨斗篷」，是日本非常重要的文化遺產。

而十九世紀時英國紳士們穿的「inverness」也是一種斗篷，提到它，就會令人想起夏洛克·福爾摩斯（Sherlock Holmes）。其實它的名字原

英佛尼斯披風，領圍合貼，是自肩部以下鬆垂的男用羊毛披肩，圖中附可拆卸性披風的男大衣始於十九世紀中期。

本是「cape paletot」，後來因為蘇格蘭北部的城市英佛尼斯（Inverness），才改為現在的這個名字。明治初年時進入日本後，在稍作改變後，當作穿在和服外面的外套「鳶」（とんび，tonbi）。

　　不管是「cape」還是「cloak」，十九世紀時，流行穿著無袖外套的紳士淑女們，前往劇場或車站等地時，會將衣服暫寄在「寄物處」（cloakroom），但若是以毛料製成的女用斗篷，就不用暫寄，可以直接穿在身上。

　　因時制宜不正是淑女們所擁有的諸多彈性？

隱瞞身份的道具

Mask

流行性感冒流行時，或者花粉紛飛的季節，到處都能看到人們戴著白口罩。

雖然在亞洲交通流量大的地區，人們也會戴上口罩，但大多數都是各式色彩的口罩，似乎只有在日本，才會看到白口罩群聚的畫面，而歐美地區，則幾乎找不到戴口罩的人。

但在十七世紀時的英國或法國，也曾經可以看見戴著口罩的貴婦人，她們就這樣在街上漫步。查閱時裝圖樣，當時的口罩不是白色的，而是以黑色天鵝絨或緞面材質做成，擋住除了眼睛以外的上半臉。

這種面罩到底有什麼用途？雖然一定與防曬、禦寒多少有點關係，但也與當時流行的臉部貼片（patch）有關。當時流行將輕薄的皮

臉部貼片是用布或皮製成，原先的目的是用來遮蓋青春痘，後漸成為裝飾的一部分。

革或塔夫綢，剪成新月或星型貼在臉上，據說
這種貼片原本是用來遮蓋青春痘的痕跡，是
一種兼具美感與實用性的小技巧，後來的
黑色面罩或許是它的延伸。

　　此外，十八世紀的貴族們，不論男
女，都可能戴著黑色面罩走在路上前往賭
場，而黑色斗篷配上白色面具的裝扮，稱為
「包塔」（Bauta），使用這種面具是為了隱瞞身
份，至今人們還是會以包塔的造型，參加威尼斯的嘉年華會。

「包塔」
是一種黑色
斗篷再加上（如鳥一般）
白色面具的妝扮，主
要是在進入賭場之
類的場合所使
用。

　　但不論是天鵝絨的面罩，還是包塔，主要功能都是用來遮擋上
半臉，難道歐洲的歷史上，沒有遮擋下半臉的口罩嗎？經過一番調
查，筆者終於發現了它的代用品，那就是「圍巾」（muffler）。

　　圍巾的法文是「cache-nez」，字義中有用來遮擋鼻子的物品之
意，而英語的圍巾有遮臉的意思。圍巾本來是指遮住下半臉的四方
布料，隨著時代變遷，才成為長條的毛製品，原來口罩與圍巾還有
親戚關係啊！

　　筆者也順便查了一下「mask」的語源，它與拉丁語的「mask-」
有關，意指「黑色的」。《藍登書屋英和大辭典》中，甚至寫道：
「把臉弄黑是最簡單的變裝方法」。也有人說這個字是由有魔女、幽
靈之意的「masca」衍生而來。綜合以上說法，我們大概可以推
測，面罩原本的意思是「幻化成黑色魔女」，現在代替衛生口罩繼承
這個角色的，是將睫毛變黑的化妝品──睫毛膏（mascara）吧！

水陸兩用泳裝
Bathing Costume

　　大型的Spa渡假中心如雨後春筍般林立。某大型纖維廠商乘勢舉辦了一場「Spa服」的設計比賽，這種能夠泡熱水澡，又可以直接穿到餐廳與美容中心的服裝，簡直就是Spa愛好者所夢寐以求的單品。

　　每當出現一種新活動，就象徵著嶄新服裝的誕生，十九世紀前期的英國也是如此，當時的新活動就是海水浴。首先，十八世紀末的醫師們指稱，「海水浴能夠治癒慢性病」，再加上1830年代鐵路的發達，促進了濱海渡假中心的建設，因此海水浴在當時掀起一陣不小的熱潮，人們不得不開始考慮泳裝的問題。

　　當時女性穿的是全副武裝的泳裝（bathing costume），洋裝配上長度及膝的褲子、帽子、長筒襪與鞋子，把全身包得密不透風。而男性多以裸體居多，雖然也曾經出現過某種編織泳裝，但由於浸水之後會滑落，沒有受到人們的肯定。

泳裝的形式演變至今，呈現各式各樣的
多元風貌。

直到1880年左右，才出
現那種包裹身體至大腿的短
袖泳裝。

雖然當時的海水浴，男
女是分開的，但如何不在眾
目睽睽之下換上泳裝？這對
當時的人們真是個大挑戰。然而
他們也真的設計出這麼一種裝置，它的名字叫做「游泳機械」
（bathing machine），是個箱型馬車，也就是移動式更衣室。當人
們前往海邊時，可以在馬車上脫去外衣，抵達海邊時，也可以在車
篷的掩蓋下進入海中。

在電影《布朗夫人》（Mrs. Brown）中，其中有一幕是飾演維
多利亞女王的茱蒂‧丹契（Judi Dench），一身泳裝徐徐地自游泳
機械中出來進行海水浴，全副武裝的泳裝與神奇的裝置，著實令人
為之一震。當時女王的表情，與其說是享受休閒的愉悅，不如用必
須保持健康的義務感來形容還比較貼切。其實當海水浴還背負著
「健康」的目的時，泳裝還不是非常流行。

1890年代開始，男女能夠在濱海渡假中心一同進行海水浴，之

後泳裝的形式也逐漸產生變化。1932年，男性的短褲式泳裝誕生於義大利的里維耶拉（Riviera）海岸以後，就一直是男性泳裝的主流。女性的泳裝自1913年由Xangsane製造的無裙泳裝開始，二〇年代的無袖泳裝、三〇年代的露背泳裝、1947年的比基尼，裸露的尺度越來越大。

　　現代人為了裸露無所不用其極，「水陸兩用泳裝」就是在這樣的目的下誕生。但女性穿著這種泳裝時大多不是為了游泳，而是用來吸引街上人群的目光，泳裝藉此從「游泳」這個活動解放，開展出無限的可能性。

　　服裝有了自由，時尚潮流才能不斷地推陳出新吧！

無限意義的圍裙

Apron

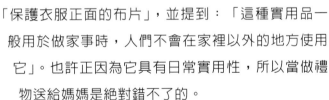

　　每當「母親節」腳步近了的時候，商家便會在店頭陳設許多圍裙，因為在日本，圍裙一直是非常受歡迎的母親節禮物。

　　喬治娜‧奧哈拉（Georgina O'Hara）在《時尚百科》（The Encyclopedia of Fashion）一書中，這樣定義圍裙：

「保護衣服正面的布片」，並提到：「這種實用品一般用於做家事時，人們不會在家裡以外的地方使用它」。也許正因為它具有日常實用性，所以當做禮物送給媽媽是絕對錯不了的。

　　但是大家知道嗎？圍裙也曾經是種裝飾品，隨著人們積極地「出遊」呢！

　　在十六世紀後期，衣褶很長的圍裙是一種祭典服裝，到了十七世紀末，人們開始流行將圍裙以昂貴的蕾絲裝飾，當做正式的社交服裝，而十

九世紀時與洋裝縫合在一起的圍裙，也相當受到大家的喜愛。

同樣是發生在十九世紀的事情，由於圍裙是以別針（pin）來固定前方（afore），因此當時小孩的圍兜便稱為「pinafore」，並且迅速地普及至各地。然而成年女性穿著的無袖連身裙在英語中也稱為「pinafore」，它其實就是一種以小孩圍兜為原型發端的服裝。

所謂時移事往，圍裙其實也有過輝煌的一面，它曾經象徵著人們的地位與權威，推定為西元前十七世紀時雕刻的克里特島（Crete）女神像，她在裙子之上也圍了圍裙，而三角圍裙是古埃及男性的基本服裝，國王、祭司等階級的男性，還會在圍裙上搭配金線或其他裝飾品，使得普通的圍裙變身成為極豪華的服裝。

共濟會（Freemason）是世界級的祕密結社，聽說這個團體起源於中世紀的英國石匠，遍布全球的成員以理想社會為目標，提倡世界和平。

十七世紀以後，他們開始認可石匠以外的榮譽會員，根據「南卡羅萊納州（South Carolina）共濟學會」的記載，新加入的榮譽會員，可被贈予一塊白色小羊皮製成的圍裙，白色代表純淨，而小羊則象徵潔白，也就是公平正義的意思。在會員的葬禮上，他們會以這種純白無瑕的圍裙，來覆蓋亡者的棺木。

在古埃及，圍裙曾是地位與權勢的象徵，有著深刻的掩飾意味。

　　擁有守護、裝飾、深刻象徵等無限意義的圍裙，只拿來當做一般家庭的日常用品，豈不是太可惜了嗎？

　　獨具慧眼的設計師們看出它的潛力，2003年的秋冬時裝展中，香奈兒與亞歷山大‧馬修（Alexandre Matthieu）二人組，不約而同地發表了圍裙的作品。

　　要是有一天，我收到了香奈兒的圍裙（雖然也不會有人送），當家裡臨時來了客人，就可以拿來稍微遮擋一下毫無品味可言的家居服了。沒錯，圍裙本來就有掩飾的功能呢。

莫名的內衣魅力
Let's Stow Away

　　豐富的女性內衣世界，又有許多新商品陸續登場了，利用中央帶子便可調整內衣高低的X Bra、形狀可隨意調整的矽膠胸墊、看起來像是沒有穿內衣的Nu Bra等，這些設計是太有創意，還是過於搞笑呢？反正新機能總是能製造出話題。

　　那男性的內衣世界又是如何呢？

　　從內褲分成三角褲派與四角褲派來看，男性內褲的機能一直處於兩難的局面。這兩種機能分別是在運動時能靈活順暢的合身度，與不破壞外褲造型的適度寬鬆感。三角褲擁有前者的好處，而四角褲則在後者佔了優勢。

　　其實，翻閱近代男性內褲的歷史，這兩種類型一直都存在著。

　　以合身為優先的三角褲始祖，為美國Cooper and Sons公司出品的「Jockey」品牌，這種緊身內褲誕生於1930年代，具有前所未見的合身感，Ｙ型前開襟（在內褲前方以名為yoke的布料做成兩層）

更是劃時代的設計。順帶一提，現在我們稱為「knit trunks」的內褲，當初也是三角褲的一種。

另一方面，幾乎是同時期，重視寬鬆感的四角褲始祖──拳擊短褲（boxer shorts）也誕生了，而它與自古以來包裹至大腿的內褲「drawers」淵源頗深。

這兩種內褲也分別呈現了「猛男與書呆」（Jocks vs. Nerds）這兩種完全不同典型的男性，猛男就是適合緊身內褲的肌肉男，而書呆就是神經質，有點「御宅族」味道的男生。

儘管這兩種極端的派別，仍然爭論不休，但市面上已經出現了融合這兩種機能的產品。就是以輔助工具來做出具三角褲合身感的四角褲，這種輔助工具可從繩子來調節，就像前面提到的 X Bra。

事實上，這種輔助工具是有來頭的，它的祖先竟然是「偷渡客」（stowaway），也就是「藏起來不讓人發覺的東西」，外型很類似中世紀的貞操帶（雖然這樣解釋，可能會愈描愈黑……），它是一種繫在腰帶上的護具，曾經出現在英國倫敦哲麥街（Jermyn Street）上的名店──「T.M路因」（T. M. Lewin）1905年的目錄上，有許多將官們看到文宣而買下這項「新產品」。此外，在喜愛馬球、

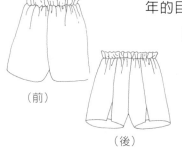

（前）

（後）

拳擊褲就是鬆緊帶褲腰的短褲，後身褲管各打反摺以增加活動量，是四角內褲的始祖。

充滿新機能的女性內衣，總是能帶領流行的話題。

狩獵的男性們之間，也廣受好評。它的材質依價錢而不同，像是便宜的白色棉布、天然毛料，或是粉紅色的絲綢。號稱「不怕一萬，只怕萬一，就讓我們守護您」的粉紅絲製內褲，哈！還真是有趣呢！

　　這些劃時代的發明、令人莞爾的細部設計，也是內衣莫名的魅力所在吧！

page 49

Chapter 02

男性時尚的地下規則

男性的穿著，一直讓人有不具變化的刻板印象。
但是，男性的服飾也依著細節的不同，
可以產生微妙的變化。
要展現男性獨有的自信與格調，
一定要懂得這些地下規則！

細條紋西裝的難處
Pin-Striped Suit

2002年春天，英國律師協會（Law Society）在發給八萬名會員的小冊子當中，有一項對服裝的建議：「上電視節目時，如果要贏得觀眾們的信賴，就絕對不能穿細條紋西裝。」似乎是因為觀眾的注意力容易被華麗的細條紋西裝吸引，因而無法專注於正題上，將「有損專業律師給人的信賴感」。另外，律師協會也建議，必須避免誇張的髮型，或是頭皮屑落在肩上等等。

針對這點，在媒體界享有盛名的律師馬克·史蒂芬斯（Mark Stevens）持反對意見，因為也有律師是因為他醒目的領帶、細條紋西裝，以及具個人特色的髮型或華麗的配件，令人印象深刻。

「與其讓觀眾把焦點放在背景，不如集中在律師身上吧！像我，就希望透過服裝來展現我的個人特質：現代感十足、容易親近，而且充滿自信，我想這樣帶給觀眾們的信賴感，也會增加不少。」

筆者到現在才了解，原來對英國人來說，細條紋西裝竟是如此

高難度的任務，真令人驚訝，因為就服飾史的角度而言，細條紋不論如何，都是英國商人的代名詞。

翻開《牛津字典》，我們可以發現「pin stripe」這個字，是這樣被定義的：「指商人慣穿的細條紋西裝」，保羅‧基爾斯（Paul Keers）甚至在《時尚的英國紳士》一書中，提到「細條紋是最適合市中心的傳統樣式」，因此筆者一直以為對英國商人來說，細條紋樣式最符合他們身分與感覺。先不論將律師與商人混為一談是否妥當，讓我們姑且把律師與商人都定位在「必須被人信任的職業」，來討論細條紋西裝與商人之間的關係吧。

所謂的細條紋到底是什麼？細條紋是以重覆針頭般的細點所連接起來的線，而組成的花紋，也稱為「點點線」。有人說這種花紋的靈感，是取自帳本上的點點線，但不論真假與否，細條紋的確最早被用於金融業的制服上。

另一種固定的條紋樣式，是粉筆條紋，意指在暗色底布上，以白粉筆畫上一條條間距較寬的粗線，線條輪廓稍微模糊是它的特徵。

在男性時尚雜誌業界，給予這種大膽的花紋很高的評價，為什麼呢？這都是因為溫莎公爵的關係，溫莎公爵穿著粉筆條紋的雙層西裝遊歷世界各國，所到之處，當地的人們都十分喜愛這種花紋。

但是，此種間距較寬的條紋，在它華麗的另一面，很容易淪為下流之品。因為很多賭徒及流氓也很喜歡這種樣式的服裝，使人們留下十分強烈的刻板印象。英語中「wide boy」這個俗語，指的就

溫莎公爵（Duke of Windsor，1894-1972年）：喬治五世的長子，亦稱為愛德華八世。雖於1936年即位為王，但為了與離過婚的美國人——辛普森夫人結婚，選擇放棄英國王位，成為溫莎公爵。他影響二十世紀的男性時尚甚鉅，例如將領帶的結打得很寬的溫莎領帶、將不同花紋組合成所謂的溫莎組合、蘇格蘭費爾島產的幾何圖案毛衣搭配棕色鞋子等等，創自溫莎公爵的時尚流行，實在不計其數。

是「太保、小流氓」，而其中的「wide」其實就是從這種間距較寬的條紋樣式而來。正因為它是如此高難度的服裝，溫莎公爵卻能輕輕鬆鬆地穿出它的氣質與品味，當然能受到人們極高的評價。事實上，在商場裡一定要在體格、地位、年齡、人品中具有兩項以上的優勢，才能夠不論穿什麼樣的服裝，都能穿出自己的味道。

前面我們提到，基爾斯認為這兩個條紋樣式是「適合商場服裝的花紋」，（順道一提，其實還有一種花紋，就是溫莎公爵在皇太子時代設計的格紋樣式——「威爾斯王子」格紋。）為什麼在這麼多樣的花紋當中，偏偏是條紋雀屏中選呢？

在米歇爾・帕斯圖荷（Michel Pastoureau）所著《條紋》（*L'etoffe du diable : Une histoire des rayures et des tissues rayes*）一書指出，條紋樣式（無論直紋、橫紋）在西方歷史文化中，有著相當特別的意義。

據帕斯圖荷說，在中世紀，與秩序混亂相關的人（囚犯、精神疾病患者、小孩、異

教徒等）都穿著條紋樣式的服裝，除了藉此提醒與警告人們以外，也象徵著在混亂中重建秩序之意。

近代的條紋也延續這樣的傳統，成為建立新秩序的工具。因此我們在新舊時代的過渡期，經常可以看到條紋樣式登場。例如法國大革命時，穿著條紋服裝就是市民的象徵，而羅伯斯比爾（Robespierre）的華麗條紋禮服大衣也很有名。

十九世紀末至二十世紀末，社會風氣由純白轉為彩色，而條紋樣式也在此發揮了它承先啟後的功能。由象徵身體衛生與社會道德的純白，邁向鮮豔繽紛的色彩時，像是從廚房、浴室牆面、醫院牆面、餐具、藥物包裝開始，到內衣、床單，經常使用混合白色的淡彩或條紋樣式，這時條紋不只抵禦不潔與污染等外來物，也象徵著沉靜自身慾望，與邪念的柵欄或過濾器……。

如此一來我們大概就能了解，為什麼在十九世紀後期起來的商人階級，要穿著日間禮服工作了。當時的日間禮服為「黑色、下擺裁成圓型（cutaway）的上衣搭配條紋西褲」，介於「禮服大衣（frock coat）的正式感，與普通西裝（lounge suit）的休閒感之

斜擺禮服的後身長及膝蓋彎曲處，前襟衣襬則由腰往後斜削而下，通常為黑色、單釦、尖角式西裝領，後身衩頂有兩顆釦子。

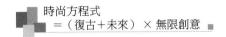

間」，隨著時代變遷，黑色上衣與條紋西褲這樣的搭配，被稱為「證券交易所的制服」。不管怎麼搭配，它們都有個共通點──條紋西褲。

若是我們以圖像學的角度，深究「正式與休閒之間」的條紋樣式，就會同意這是一種全新的社會秩序──資本主義社會誕生的證據，也能了解它象徵著某種柵欄，守護著人們不被過渡時期的各式慾望所影響。

在動盪的社會中，有一群廉潔的人們，為了新時代的價值而奉獻，也持續守護著傳統倫理。十九世紀的商人穿著條紋樣式的西褲，正是憧憬著這樣的理想，因此西褲上的條紋樣式才會成為現在我們所說的「城市的傳統花紋」，一直傳承下來。

這次的條紋論戰，似乎就要在「只要好好工作，就算人們不喜歡你的穿著，還是會信賴你，不要把錯怪到西裝上去。」這句話中畫下句點，而這結論似乎太過嚴肅了。

灰色西裝再度登場

The Labyrinth of Gray Suits

歷代英國國王的工作之一，就是成為人們諷刺的對象。有位國王的諷刺畫特別地少，就是喬治五世（**1910-1936**年在位）。喬治五世堅持自己「應該成為人民的典範」，一直過著健全單調的生活，連服裝都刻板得沒有什麼變化，高尚、威嚴，受人尊敬的國王喬治五世，不怎麼受到諷刺畫家們的青睞。

日間禮服的黑色派與灰色派在亞斯各（Ascot）賽馬場上競爭已久，1953年喬治五世晚年時，灰色派終於取得優勢。當時的人們觀察到，也許是因為喬治五世「參加亞斯各賽馬或其他夏日活動時，都穿著全套的灰色服裝，才會掀起這陣風潮」，因而上行下效，使灰色派獲勝。

喬治五世會堅持夏季活動服裝都統一成灰色的，不只因為它沉穩、明亮，最適用於運動風的社交服裝，也許還與基督教有關。也就是說，灰色令人想到鴿子的貞潔，當一位國王具有「得成為人民

灰色西裝從保守、中立、禁慾的象徵，到如今所代表的是超合群的低調品味。

典範」的責任感時，灰色就成了他的最佳選擇。

浮華的夏季社交與貞潔的廉美灰色，這組合還蠻不可思議的。不過筆者還是一直覺得，許多新郎會在結婚典禮上穿著灰色禮服，原因應該不只如此。

撇開基督教不談，男性們開始「用」灰色之後，不僅是運動場合（十九世紀中期開始，人們在野餐與運動時就常穿著灰色服裝），在職場上也開始穿著灰色服裝。

1950年代，斯隆・威爾遜（Sloan Wilson）的一部小說《穿灰色法蘭絨套裝的人》（*The Man in the Gray Flannel Suit*），而後由格利高里・派克（Gregory Peck）主演同名電影，當時灰色法蘭絨套裝成了美國公司文化的象徵。

「無才便是德」的灰色西裝，是否意味著「中立・禁慾・放棄」呢？後來在日本被戲稱為「溝鼠」的深灰色西裝，也是這個系列。

這樣的灰色西裝在八○年代時曾一度被否定。而麥克・道格拉斯（Michael Douglas）在《華爾街》（*Wall street*）中飾演的戈登・蓋柯（Gordon Gekko），那「慾望至上」的表情雖然讓人看了恨得牙癢癢的，但灰色西裝到最後還是在進入二十一世紀時重返時尚舞台。

灰色那與壓迫感、攻擊性等無緣的低調品味，可與各式襯衫、領帶的好搭配度，裡頭甚至可以不穿襯衫，只穿一件黑色高領上衣就好，也許剛好符合在這個時代生存時，必須與所有人事物融合、共存的特色。

不管怎麼說，正因為在「爸爸的時代」灰色西裝被貶低為「溝鼠」，才能有現在的重生，就如同溫莎公爵否定了父親喬治五世「嚴肅刻板的灰色」，才會有後來「自由奔放的灰色」。

從頸部看威嚴──衣領篇
The Meaning of the Collar

2002年中田宏先生當選了橫濱市的市長，正值年輕有為的37歲，就任第一天，筆者的目光一直被他的頸部抓住，那天他穿的襯衫衣領是飾耳領（tab collar），衣領的兩端以襟（tab）固定住，打上的領帶結會比較小並向前凸出。這種給人生硬印象的衣領，不容許「工作到一個段落，將衣領鬆一鬆」這種事，這傳達了中田先生的企圖心。

與飾耳領給人印象完全相反的就是展開式衣領（cutaway collar），衣領寬廣地展開。與衣領前端指向地面的翻領（turn-down collar）相比，展開式衣領指向外側，營造容易親近的氣氛，與領結較大的溫莎式領帶十分相配。

說到容易親近，由美國人生產的鈕扣

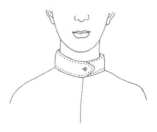

由領座伸出耳型小飾片的「飾耳領」，是可扣住對側的貼頸式襯衫領。

式衣領，也相當受到歡迎。1900年布魯克斯兄弟（Brooks Brothers）的創始者約翰‧布魯克斯（John Brooks），在英國觀賞馬球比賽時，注意到球員為了不讓襯衫的衣領隨風飄揚，而用鈕扣將其固定，他回到紐約後，便開始製作這種鈕扣式衣領的襯衫，上市時將其命名為「馬球領襯衫」。

展開式衣領的領口，可以寬廣的展開指向外側，營造出容易親近的氣氛。

從此，衣領前緣有著貓腳狀的曲線、扣結式衣領的襯衫，成了成功商人的象徵，更讓瑪莉‧麥卡錫（Mary McCarthy）寫了一本名叫《穿著布魯克斯兄弟襯衫的男人》（*The Man in the Brooks Brothers Shirt*）的小說。

相對於立領，「翻領」是泛指任何領片往下翻折的領型。

市面上還有數十種衣領，歷史也相當久遠，可以追溯至西元1300年，衣領對於西裝歷史來說相當地重要。在1960年出版，由康尼頓（Cunnington）夫婦所寫的《英國服飾事典》（*A Dictionary of English Costume 900-1900*）中，我們查閱了「衣領」（collar）這一項，它指出：「限制頸部活動的立式衣領，幾個世紀以來，都是上層階級人們的象徵，在社會上有它的重要性。」

原來如此，我們有時會無意識地垂頭喪氣、東張西望，使內心也跟著動搖，因此立式衣領便是某種防止頸部活動的裝置。地位崇

高的人看起來總是如此高傲，不就是因為他們
都一副無動於衷的樣子？

　　人們藉由固定頸部來顯示威嚴，這就
是立式衣領扮演的社會角色，而現代的
反摺衣領就只是徒具名字而已。有許多
從事自由業的男性，譬如小說家、建築
家或音樂工作者等，都偏好無衣領的襯
衫，也不喜歡打領帶，或許多少也與這樣
的歷史有點關係。

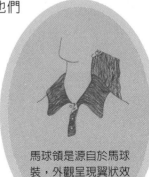

馬球領是源自於馬球
裝，外觀呈現翼狀效
果的領型。

從頸部看威嚴──領帶篇
From Cravat to Necktie

趁著東京池袋的杰拉德·菲利普（Gérard Philipe）電影節，筆者將他演出的作品從頭看了一次。

這位在1959年過世，得年36歲的俊美法國男演員，在電影裡，無論演的是什麼角色，都能讓人感受到他的優雅，特別是飾演貴族時，那身服裝將他整個人的氣質都烘托了出來，真是令人心醉，而令筆者著迷的其中一個原因，就是他頸部的某樣物品。

杰拉德·菲利普的頸部修長，不論是什麼樣的服裝，他都能夠穿出它的質感，其中又以十九世紀前期的服裝最佳。當時的襯衫衣領寬至下顎，衣領外繞上幾圈領結後，再以外套高聳的衣領包覆，從被固定的頸部滑到肩膀那流暢的美麗線條，將男性的俊俏表露無遺，所以男性的頸部若是修長，看起來當然就特別高貴。

其實，歷代西洋貴族的服裝，不都是下了很多功夫，來強調英挺的頸部嗎？

　　舉例來說，十六世紀的襞襟（ruff）、十七世紀時瀑布般的蕾絲裝飾等。十七世紀後期克羅埃西亞軍隊的領巾——庫拉巴飾巾（cravat），堪稱是領帶的祖先，而領巾的各種打法在十八世紀後開始流行，十九世紀前期時，將頸部固定的流行更是達到了巔峰，像是將庫拉巴飾巾以漿糊固定起來，甚至還出現了替代品，那就是如頸圈般的「史杜克領巾」（stock）。

庫拉巴飾巾由寬帶狀棉布或絲巾製成，是為領帶先驅。

史杜克領巾是繫於領子內的寬帶型領巾，可由前往後圍繞，如項圈般固定住頸部。

　　為什麼人們想盡辦法要把頸部圍起來呢？首先，因為當時的貴族隨時都可能有生命危險，才以布製品等將身體的脆弱部位包裹起來，翻閱歷史，似乎有些人真的因為配戴了庫拉巴飾巾，才抵擋住劍刃的攻擊而保住性命。

　　另外，就像前面「衣領篇」所提到的，「不動如山的頸部」，也讓人感受到一股無比的威嚴。不過，十九世紀中期開始，近代市民社會開始成熟，頸部的緊張感也隨之緩和，因此為了固定襯衫衣領，與維護貴族生命與尊嚴的庫拉巴飾巾，也就功成身退，慢慢轉變成現代純裝飾用的領帶。

　　直至十九世紀末，人們都是將領帶打得寬鬆，例如四頭馬車的車伕會將領帶前端，打成一個小而緊的結，由於馬車車伕們必須

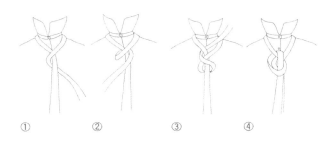

①   ②   ③   ④

四步活結是將長領帶以四個步驟打一個活結，再將兩端互疊垂掛至腰際，長度、寬度、鬆緊隨流行各有不同。

能以單手操控四匹馬，所以又稱為「四步活結」（four-in-hand），而他們的領帶，透過賽馬等體育活動，在二十世紀初期流行開來，成為現今領帶的原型。

　　杰拉德‧菲利普打著「四步活結」的領帶，演出現代花花公子時，使修長的頸部更顯優雅，這時「伸長脖子」，與其說是對談話對象感到好奇，不如說領帶其實是戲劇裝扮的一部份了。

窄版領帶
Narrow Tie

珊卓‧布拉克（Sandra Bullock）與休‧葛蘭（Hugh Grant）合演的電影《貼身情人》（*Two Weeks Notice*）中，休‧葛蘭飾演的富豪總是打著一條好大的領帶，這樣的領帶再隨便配上一套傳統、普通的西裝，馬上就有一種「滑稽感」，進而炒熱現場的氣氛。

如此巨大、沒有平衡感的領帶，在戲劇當中，或許能有出奇制勝的效果，但在現實生活當中就不一定合適了。

對於身材瘦小的男性們來說，就算是普通尺寸的領帶，也有可能會因比例太大而嚇到別人。筆者的一位恩師，專攻美國文學的柴田元幸先生，就有著這樣的煩惱。

平時老師都穿得像學生，但是遇到某些正式場合，為了「表示禮貌」，還是必須打上領帶，因此老師問了對於服飾有點研究的筆者，要去哪裡才買得到「不會看起來像金太郎肚兜的領帶」？

問了從事相關行業的友人之後，發現似乎在新宿某間百貨公司

有賣，因此筆者就與老師一起前往，但我們在店頭卻沒有看到那種商品，筆者連忙詢問店員，「啊……您說的是narrow tie吧」，店員說著就悄悄從櫃檯下拿出一個盒子，那正是窄版領帶。

　　雖然是因為需求度不高，才這樣販賣，但是這時的「狹窄」，除了「尺寸細窄」，似乎也暗示著「特定顧客」（就像小眾傳播（narrowcast）指的是針對某些族群的有線電視節目一樣），這其中的雙重涵義讓筆者細細咀嚼著。

　　提到針對某些顧客的領帶，其實在日本相當受到歡迎的英國兵團斜紋領帶（regimental stripe tie），也是例子之一。regimental就是「軍團」的意思。十六世紀以來，這種斜紋在英國被當作各軍團的旗幟紋路，十九世紀後期才開始成為領帶的花樣，而各軍團旗幟紋路的配色都有其意義與傳統。

　　另外，名校的校園風領帶（school tie）、社團領帶（club tie），幾乎都與英國軍團斜紋領帶同時誕生，在英國只有畢業生或學長才能配戴這些領帶，就「狹窄」的意義而言，兩者有著異曲同工之妙。

　　二十世紀初，布魯克斯兄弟亦深受英國兵團斜紋吸引，開始在美國生產這種領帶，但為了配合美國式將布料翻面再剪裁的作業，紋路的方向有所改變，英國式斜紋是左上右下，而被稱為「美國風」（American way）的斜紋，則是右上左下，紋路的間距

窄版領帶適合身材瘦小的男性，讓領帶與全身的比例較為適妥。

柴田元幸（Ｓｈｉｂａｔａ Motoyuki，1954年～）：東京大學文學系教授。以翻譯保羅‧奧斯特（Ｐａｕｌ Auster）、史蒂芬‧米爾豪瑟（Steven Millhauser）等美國現代作家的作品聞名，也有相當多的散文作品，其中《膚淺的學者》得到日本講談社散文獎。這此也公器私用地介紹一下柴田先生與筆者的關係。柴田先生一直放任我從事淺薄的時尚「研究」，在瀰漫學院派氣息的1990年年初，某天柴田先生拿了一本外文書《Ｓｅｘ ａｎｄ Ｓｕｉｔｓ》問筆者：「有沒有興趣翻譯這本書呢？」雖然當時對柴田先生來說，只是想找人消化一下大量的工作，但對筆者來說，那份翻譯是我目前所有工作的起點。

也變得比較「寬」了。

不管怎麼說，以上「窄版領帶事件」，是以服飾史的角度所聯想出來的說法，若是專攻美國文學的學者呢？他們似乎有不一樣的看法。柴田元幸先生在研究社出版的《Salon.com》一書，是這樣子介紹：

「當我們跟店員說『請給我○○』，店員從櫃檯下方悄悄拿出商品的這個舉動，忽然讓我想起某個場景，沒錯，就是這個！前陣子讀美國小說時，偶而會有顧客向店員說出某種暗號『××』，店員就會從櫃檯下拿出不是普通誇張的黃色書刊。原來如此，窄版領帶原來跟黃色書刊是同類啊！這樣一想，就覺得自己的嗜好還蠻了不起的呢。」

話說回來，2003年秋冬流行六○年代復古風，窄版領帶再次出現於店家的展示櫃上，購買時再也不需要特別詢問，或感到緊張了，全新的窄版領帶不再針對「狹窄」的消費族群，而有了另一個名字──細長領帶（slim tie）。

為什麼不能將襯衫拉出來？
The Secret of the Shirttail

　　雖然已近晚秋，但在白天穿著外套還是會出汗。若是要用英語來形容這種違反季節規則的天氣，就說「shirt-sleeve weather」，意思是只穿襯衫，不穿外套也不會覺得冷的意思。

　　另一方面，在西裝世界有著一項不成文的規定，那就是在正式場合不能只穿襯衫，像是所謂的「shirt-sleeve diplomacy」，便意味著「非正式外交」。

　　這裡的「shirt」指的當然是襯衫，而不是內衣，近年來也被稱為「dress shirt」，這種襯衫雖然可以外穿，但在正式場合還是不方便單穿，是一樣非常麻煩的單品。

　　麻煩的還不只如此，襯衫雖然是上衣，但在很多場合「不可以」將襯衫下擺拉到褲子外面，很多學校除了禁止「染髮、騎機車、吸菸」以外，也規定不可以「使襯衫下擺外露」。連美國橄欖球明星選手泰瑞·歐文（Terrell Owens），也因為將制服襯衫拉出來，而被

判「違規」被罰款。

到底為什麼在正式場合不能將襯衫下擺拉出來呢？這個問題，幾乎所有服裝書籍都這樣會說——「因為襯衫原本是內衣。」（自1800年開始，才有了在dress shirt下，另外穿著內衣的習慣。）

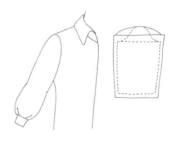

襯衫袖的袖山較低，袖口打一至二個活褶，是十分普遍的設計。

那麼，為什麼作為上衣的襯衫也不能拉出來呢？幾年前筆者曾經參觀過京都某財團保存著的襯衫，那幾件襯衫在十八世紀到十九世紀時被人穿過，那襯衫的長度大約到膝蓋左右，在襯衫下擺的胯下部份，正反面都有著黃色的污漬，筆者認為那應該是覆蓋胯下而形成的痕跡。當時的襯衫就相當於現在的內衣褲，也許那個時候為了固定，才將襯衫塞進褲子裡？

如果在正式場合不能單穿襯衫，是因為「那是以前的內衣」，那麼，不能將襯衫下擺拉出來的原因，是因為「以前那個部份來用來覆蓋私處」吧。

順道一提，英語中將主要新聞後的小新聞稱為「shirttail」，自從筆者看了那幾件古老的襯衫，就偷偷地叫它們為「擦屁股新聞」。哎呀，不好意思，我失態了。

皮帶不能太顯眼！
Do Not Stand Akimbo

英國首相布萊爾（Tony Blair）的衣著，一直無法獲得英國媒體的好評。《標準晚報》（*Evening Standard*）的記者這樣消遣他：「應該已經有一百萬年沒有人穿雪花（snow wash，把布的顏色洗得深淺不一，變得像是豹紋）牛仔褲了吧，我們的首相還真是勇於嘗試呢！」

筆者原本以為記者是指他假日的穿著，沒想到那竟然是說他參加記者會（2002年9月）的穿著，而且當時他的皮帶扣還是金色的，筆者著實對他那身打扮感到瞠目結舌。

根據《ＧＱ》英國版的評論表示，「金色飾扣的色彩過於強烈，太俗氣了，現在還繫金色飾扣皮帶的男人，不是自以為重返八〇年代，就是與二十一世紀風格背道而馳，是思想奇異的怪人。」只是金色飾扣而已，有需要這麼大驚小怪嗎？

雖然只要一句「因為現在流行的是銀色」，就可以結束這個討

皮帶扣環可以說是皮帶的靈魂所在，選擇不同的皮帶
扣，也代表著你的時尚品味。

論，但其實，正因為政治人物不了解所謂的時尚趨勢，他們的服裝
才有特別的力量，不是嗎？

　　筆者查閱了幾本與服裝相關書籍，雖然它們都說：「穿著套裝
時，搭配的皮帶絕對不能太醒目。」但卻沒有一本書提到不能繫金
色飾扣的皮帶。

　　其實，穿套裝時要搭配任何金色的配件，本來就要特別注意。
英國男性時尚評論家保羅・基爾斯就說過：「適合現代男性的『金』
只有兩種，一種是『黃金定律』，另一種叫做『沉默是金』。」

　　為了慎重起見，筆者再次檢視了前述布萊爾先生的照片。當時
他外套鈕扣沒有扣起來，而且，他雙手抓著腰帶站著，所以那個金
色飾扣才會那麼引人側目，客觀來看，確實搭配得不是很好。

　　不過，筆者推測，真正讓記者們不悅的，其實不是皮帶的飾
扣，而是布萊爾先生的姿勢，雖然那是他無意識擺出來的姿勢，但

政治人物或名人往往都是在那一瞬間，讓記者們趁機解讀出他們「心底的祕密」。

抓著腰帶的姿勢，看起來就像兩手叉腰，而兩手叉腰的英語是「akimbo」，根據動物學家德斯蒙德·莫里斯（Desmond Morris）表示，這個姿勢代表「拒絕、否定的情緒」，雖然布萊爾先生的姿勢不完全是兩手叉腰，但看起來也蠻接近了，至少能夠肯定，這姿勢不會給人什麼太好的印象。

有句話說：「愛屋及烏」，換成記者們的心情，應該是「厭『姿勢』及『飾扣』」吧！只是金色飾扣正好扮演了那無辜的受害者。就是因為擺的姿勢不好，才會明明就穿著外套，還讓皮帶飾扣顯得如此刺眼！前面提到「皮帶絕對不能夠太醒目」，說不定，其實它真正的意思是「不能擺出讓皮帶過於醒目的姿勢」。

腿部線條美的條件
Crease with a Breakl

要怎麼展現腿部線條的美感呢？這個問題並不專屬於穿著洋裝的女性，對男性來說，這也是長久以來的一個大課題。

十八世紀之前可以說是五分馬褲（breeches）的時代，當時的人會穿上長襪修飾小腿，或是以跳舞來鍛鍊腿部的線條。十九世紀初，開始流行更長的褲子，因此人們也開始注重腰部至腳尖的線條，甚至會穿上有帶子穿過腳底固定褲管的踩腳褲。

繼帶子之後，人們還想到新方法來展現腿部線條，那就是摺線。

摺線的英語是「crease」，將其發揚光大的時尚領導者，是英國國王愛德華七世，1880年左右他還是皇太子的時候，出現了一種沿著左右縫邊壓出摺線的褲子，

卡夫西褲在褲管口有反摺式的設計，能讓長褲的輪廓顯得更為立體。

大大地展現了腿部線條的美感。

而在其子喬治五世時期，開始試著將摺線壓在褲子正中央，一直1910年，大部份褲子的摺線都習慣壓在正中央，就這樣演變成我們現在看到的樣子，而1882年發明的電熨斗，在這個流行裡，相對的也擔任著舉足輕重的角色。

另外，褲管反摺也是從這個時候開始流行。1860年左右，人們為了避免褲管弄髒，會在運動或路況不佳的時候，將褲管摺起來，不過這種反摺方式後來以「卡夫西褲」（turn-ups）的名號在流行舞台上登場，已經是1895年的事了。

藉由這樣的反摺，能讓長褲的輪廓顯得更為立體，讓這種反摺深入人心的關鍵人物就是愛德華七世。

在愛德華七世即位的二十世紀初期，男性服裝開始自硬梆梆的路線中跳脫出來，轉而帶點優雅的氣息，現代套裝追求的腿部線條美，也就是延續著那個時代的美感。

而長褲最理想的長度呢？褲管稍微蓋

愛德華七世（1841-1910年）：維多利亞女王執掌英國王朝64年，愛德華七世是她的長子，1901年即位為英國國王，1910年駕崩。皇太子時期的他基本上並沒有參與政治，但他還是遊歷四海，建立起廣大的人脈，被稱為「Peace Maker」。男性服裝受到他極大的影響，像是日間準禮服（director's suit）、霍姆堡氈帽（homburg hat）、格倫格紋（Glen plaid/check）等，優雅的「愛德華風」至今仍不退流行。

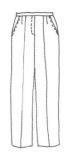

到鞋子上方，讓摺線稍微有些垂塌就差不多了。這樣的垂塌感，英語稱它為「break」，也就是中止、休息的意思，也就是說，帶有一點垂塌感的摺線，彷彿讓人在中規中矩的世界裡，有了休息喘息的空間，正是它的魅力所在。

　　褲管的垂塌感可以展現長褲的優雅從容感，而剛從乾洗店拿回來的長褲，側邊那兩條直挺挺的摺線，一樣也無損這種從容且餘裕的感覺。

「襪子」是個陷阱

Socks

最近的年輕人穿衣服都很有自己的風格，就算是社會新鮮人，他們的打扮也都非常適合自己，不會讓人家覺得他們是穿不慣西裝的小毛頭。

其實只要看人們翹腳，就能知道誰穿不慣西裝了，因為有人一翹起腳來，就露出他襪子沒蓋到的小腿，難道這就是所謂的「捉襟見肘」嗎？

為了不讓人看見小腿，必須穿長一點的襪子，英語稱這種長筒襪為「hose」，與軟質水管一樣的拼法，所以我們大概可以想像，這種襪子其實就像水管一樣，緊緊地包裹著小腿。

長筒襪的始祖是十五世紀的男性服裝，就現代眼光來看，那種服裝很像芭蕾舞者穿的緊身褲，而它的名稱也是「hose」。而現在我們說的襪子（socks），是古希臘羅馬時代的喜劇演員，在舞台上穿的輕式鞋子。

也就是說，長筒襪是由緊身褲演變而成的襪子，而襪子則是由鞋子演變而來，不管怎麼說，襪子連接著長褲與鞋子，可以說是一項非常引人注目的裝飾品。特別是襪子上那個小小的刺繡，雖然沒有寫著「看這邊！」，但總是可以吸引人們的目光，至於它的由來又是怎麼樣的一個故事呢？

那個小小的刺繡在英語中稱為「clock」，也就是時鐘的意思。

什麼？時鐘？

十六世紀時，人們為了讓小腿肚看起來鼓鼓的，用了一種名為「clock」的襯布，這種襯布的形狀就像一口古鐘，而古鐘也就是現代時鐘的起源。那個時候，人們會以刺繡來裝飾這個襯布，這個刺繡也就被命名為「clock」，現在襪子上的刺繡名稱就是源自於此。

同時與襪子上刺繡廣泛普及開來的，就是如成串鑽石的阿蓋爾菱形花紋（argyle）。然而這個花紋的靈感，來自蘇格蘭的方格花紋，將方格花紋的布料斜向剪裁、重新縫製之後，就產生了這種菱形花紋。

這種花紋的襪子出現於十九世紀中期的英國，當時蘇格蘭的阿蓋爾（argyllshire）以雷鳥獵區聞名於世，而阿

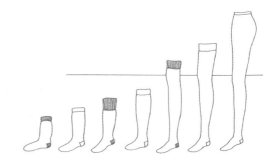

男性在穿著襪子的時候，一定要選擇鞋子和衣物的搭配。

蓋爾公爵九世與維多利亞女王的四女結婚一事，也成為一段佳話，「什麼？蘇格蘭風襪子嗎？那就叫做阿蓋爾襪子吧！」這樣的命名由來實在不太具可信度，而且argyle與蘇格蘭望族Argyll的拼法也不同。

　　話雖如此，阿蓋爾襪子的魅力還是不同凡響，甚至越過了喜馬拉雅山，成為不丹男性的傳統服裝。名為「Kho」（音：夠）的傳統服裝，有點類似長度及膝的日本和服，當男性穿上傳統服裝「Kho」時，也會穿上阿蓋爾襪，雖然有點看不習慣，但那也是服裝本身的一種美感。

蘇格蘭的方格花紋是阿蓋爾花紋的前身。

深藏不露的小禮服

Tuxedo

派對季節來臨，華麗的衣服裝飾著服裝店的展示櫥窗，用來陪襯各式女性洋裝的男性服裝中，以小禮服（tuxedo）最為搶眼。

小禮服的形式是指：單扣單層的外套，蓋上領絹（Facing silk）的領子，可以是劍領（peaked lapel）或新月領（shawl collar），單層褲子的腿側裝飾著側章，而服裝的顏色多半為黑色或深藍色（midnight blue，在夜間照明下看起來像黑色的深藍色），最後再加上黑色蝴蝶結、專屬於燕尾服的腰帶（cummerbund），和閃閃發亮的皮鞋，就成了正式的禮服。如果你收到的宴會邀請函上註明著「black tie」，那麼穿小禮服，也就是無尾燕尾服準沒錯。

新月領的前身領片由後領連裁而下，因此是不具剪裁線的衣領。

　　而據傳「tuxedo」這名稱是個地名，美國紐約市郊有個名叫「塔士多」（Tuxedo）的公園，知名菸商洛里拉（Lorillard）的第四代，喜歡在這裡狩獵或運動，還成立了所謂「塔士多俱樂部」（Tuxedo Club）。

　　1886年10月10日舉辦成立慶祝大會時，他從英國回來的兒子穿著一件有著燕尾服外型，但沒有尾巴的外套，出現在會場上，當時的與會者看到他的造型後，個個張大嘴巴，引起譁然。這件外套就是小禮服的原型。但這個故事聽在自認是男性服裝權威的英國裁縫師耳裡，心中總不是滋味。因此英國人一直不以「tuxedo」稱呼這樣的服裝，而稱它們為「dinner jacket」或是「smoking jacket」。

這裡的「black tie」意指「小禮服」，而美國人稱小禮服為「tuxedo」，歐洲則稱「smoking」。若是「white tie」則必須穿著正式禮服（燕尾服）出席。

　　直到史蒂芬‧霍華茲（Stephen Howarth）在2003年出版了《亨利‧卜爾——英國薩維爾時裝街的創始者》（*Henry Poole: Founders of Savile Row*）一書，才顛覆了這個起源的說法。他指出說，當時皇太子愛德華七世為了要參加桑德林漢宮（Sandringham）的晚宴，訂做了這麼一套服裝，因此亨

燕尾服是男士的晚間禮服，其外套背後衣襬的造型類似燕尾，而稱為燕尾服。領型為尖角領，下領片飾以緞面布料，長褲側邊線也會車以緞面條飾。

無論是tuxedo或是dinner jacket都是「無燕尾小禮服」的意思，難度在於要穿出具有休閒感的莊重氣質。

利‧卜爾才是最早縫製小禮服的人。到底哪一個才是「tuxedo」的真正起源呢？美國的羅里拉家族不願意把這個名號讓給英國裁縫師，還在1986年10月10日舉辦了「燕尾服誕生百週年慶祝大會」。

不過無論如何，最讓筆者感到好奇的，還是當人們第一次看到小禮服的休閒感，所帶給他們的驚訝，因為在當時那個燕尾服的全盛時期，沒有尾巴的外套大概真的太不正式，甚至會讓人們感到羞恥、丟臉。

英國的裁縫師們認為男性開始學習穿著的第一步，就是要懂得尊重服裝的起源，那麼，要將小禮服穿得好看，就在於能不能將它的休閒感控制得宜。此外，燕尾服的褲子用側章來裝飾縫線，還以裝飾用的鈕扣包覆普通鈕扣，如此滴水不漏的設計，正象徵著正式服裝中不成文的規矩，那就是必須將自己的感情深藏不露才行。

穿著小禮服的難度，在於穿出休閒感的同時，又不能讓人趁隙而入，就像明明是參加所謂的「輕鬆派對」，但在上司面前又必須正經八百一樣，筆者認為若您已經習慣了這種場合，一定可以將小禮服穿得出色又好看！

如何說行話？

Jargon

筆者曾經在某份全國刊物上寫了「梅春物」（UMEHARUMONO）這詞，當時編輯詢問筆者「因為一般的讀者不知道這個詞，是否有別的說法呢？」

其實，它的意思就是「在梅花盛開時穿著的服裝」，由於在時尚業的專門刊物都能看到這個詞，店家的工作人員也會使用這個詞，筆者才一直以為這個詞彙很普遍，沒想到它是僅限於業界使用的術語。

像這樣限於業界使用的「術語」，在英語中稱為「jargon」，意思是模擬當人們聽到幾隻小鳥吱吱喳喳的聲音，「完全聽不懂在講什麼」的心情。雖然外行人可能會因為無法理

若要懂得說時尚行話，首先要先了解服飾剪裁的基本知識。

（左圖）直通山頂的山坡道。
（右圖）屋簷垂落。

解，而感到不悅，但這些行話，有時候也能帶給我們不同角度的新思維。

像是在西裝業界使用的這個行話。

「直通山頂的山坡道」。

這是裁縫師之間的專門用語，曾經被收錄在2002年秋季號的《Man's Club DORSO》雜誌中的「時尚用語事典／專家們的西裝用語」單元裡。它指出，「山坡道」是「以衣領為中心向兩肩畫去的山型肩線」，而「直通山頂」指的是「將衣領豎至接近下巴的地方，使得襯衫上方沒有什麼多餘的空間」。

還有這樣的行話。

「屋簷垂落」。

「屋簷」指的是「襯衫背後接袖子的寬鬆部份」，如果「屋簷垂落」，那麼就表示這個部份「會變成八的形狀」。雖然日文這樣說有點奇怪，但多多少少能夠理解而會心一笑，我們也能藉由這樣的行話，改變了欣賞西裝的角度，不是嗎？

　　一直以來，筆者都對西裝衣領沒什麼感覺，但是站在「山坡道去向」的觀點來看，就會看見各式各樣的「山坡道」風景。而我們看見寬鬆的袖子時，也能了解這對「屋簷」來說實在是件好事。

　　行話還真是有趣呢，但是知道與使用是兩回事，在西裝的發祥地——倫敦薩維爾巷（Savile Row），有個不為人知的行話，他們稱外行裝內行的囉唆客人為「tab」（小傢伙）。不過，為了不讓人家覺得我們很討厭，就算我們聽得懂，還是要裝做不知道。不然的話，明明就才剛知道「梅春物」一詞，就在買春裝的時候，硬是打腫臉帶幾件冬裝回去，不是也很浪費錢嗎？

屋簷垂落的意思，一般說來，指的是襯衫或西裝連接袖子的部份都會稍微寬鬆一點，方便雙手及肩膀的活動，若是做得太緊，就好像屋簷垂落一般，肩膀也會跟著壓低。

第三種服裝

The Third Wardrobe

不知道是否受到了陸續創刊的男性時尚雜誌影響，注重風尚潮流的男生增加了不少。

另一方面，也有許多全身上下瀰漫著一股「我不在乎外表」的氣氛，也就是所謂的「秋葉原系御宅族」（沈迷於動漫電玩、無視於現實世界的一群人，多聚集於秋葉原，故稱之）。

中野獨人在《電車男》裡描寫的就是御宅族某天終於覺醒，決定進行外表「大改造」的故事。原本是女性絕緣體的電車男，某天在電車上幫助了一名被醉漢騷擾的女性，而就連講一通電話都七零八落的電車男，在網路上得到許多單身男性的支持，決定改變自己以獲得真愛。

然而為了要讓這個夢想「成真」，電車男在與該名女生確定約會日期後，馬上著手改變自己的外表。

首先是髮型，絕對不能在家庭理髮廳修剪，一定得去美容院才

行；再者，捨棄眼鏡改戴隱形眼鏡，並以「Comme Ca Du Mode」這個牌子為中心買下整套衣服。

當電車男需要新衣服的時候，就表示他人生的轉捩點已然來到。那麼在嶄新的時代，是否也需要新的服裝呢？

以IT（資訊技術）相關企業為首，有許多領域的工作不再需要西裝筆挺，而受到高齡化社會的影響，許多退休後的男性尋求事業第二春時，也普遍是找不需要打領帶上班的工作。前陣子有許多人開始宣導為了節約能源，我們不應該繼續在夏天穿厚重的西裝，所以大家看西裝與領帶是愈來愈不順眼了。

話雖如此，如果我們穿休閒服上班，那豈不是會顯得懶洋洋的嗎？因此，「寬裕但又很正式」的服裝需求大幅提高。

這時出現的就是「The Third Wardrobe」（T3W），不是工作服，也不是家居服，這是一個全新的構想。像是「雙釦襯衫領」（Due Bottoni，義大利文的「兩個鈕扣」之意。領子做得很寬，並在領口附上兩個鈕扣的形式。）這種不需要打領帶也能營造工作的氣氛的襯衫，以及其他具體的構想，都受到人們的推崇。

另一方面，對於家居服就是工作服的雜誌編輯這些人來說，「對我們而言，需要打領帶的西裝就是T3W

雙釦襯衫領也就是領子做得很寬，並在領口附上兩個鈕扣的形式。

啦」，這個時候，他們可以選擇有些誇張、配色強烈的服裝，艾迪・希利曼（Hedi Slimane）在「Dior Homme」這個牌子中設計的合身西裝，就是一個很好的例子。

　　事實上，T3W有個優點，那就是「也能當工作服，也能做家居服」，工作後直接穿著就能進入那些強調「需著正式上衣」的餐廳或劇院，很多男性追求的應該是這樣的生活風格。否則，就算穿了T3W，還是只往返公司、家裡兩地，穿上「流行服飾」，卻沒有人與自己搭訕的話，也只是徒增空虛而已。

Chapter 03

男女有別還是男女平等

現在只有女生才會穿的服飾，
曾經也是男人的最愛。
如果某天看到一位穿著荷葉邊，綁著緞帶的男子，
踏著路易十五的高跟鞋走在熱鬧的東京街頭，
難保不會造成轟動與流行。
這一切都有可能……。

充滿男子氣概的荷葉邊
Masculine Frill

荷葉邊（frill）的男性襯衫正在流行。

銀座的春天百貨（Printemps）十分推薦這種襯衫，根據該店負責人的說法，2002年3月時，一星期可以賣到二十件左右，而購買者大多是20、30歲的上班族，很多人會穿著有硬派感覺的外套，從前襟露出襯衫的荷葉邊。另外，若是搭配牛仔褲，也是個不錯的選擇。

當然，男性的荷葉邊襯衫不是這時候才出現的，以往在舞台表演與宴會場合，或多或少都可以看到這種特殊造型的服裝，而走在流行尖端的設計師品牌，也早就有這樣的設計。

市面上的荷葉邊襯衫並沒有那麼誇張，男性們（這裡指的還是對於時尚較為熱衷的那一群人）也只是單純因為新鮮，才從百貨公司買個一、兩件回家。

倒是筆者偏見較深，心裡總想著「男生穿什麼荷葉邊的衣服

啊？」為此筆者訪問了製造者，問他們到底是基於什麼心理製作這種服裝。沒想到製造商的態度更是低調，他們只不過是想作一些衣櫃裡找不到的單品而已。如果女性可以接受荷葉邊，那稍微用在男性服飾上，不曉得大家反應如何？他們的出發點竟是如此單純。

他們也考慮到了上班族們的立場，「雖然從袖口還是能隱約看得見一點點，但只要繫上領帶就不會看見荷葉邊，這樣一來，一般人的接受度也比較高。」

想到荷葉邊從西裝袖口跑了出來，筆者不禁噗嗤地笑了出來。但仔細想想，從十六世紀到十九世紀初，西洋服飾的歷史上，有將近三百年，一直都能從男性的袖口看到荷葉邊或蕾絲啊！

直到十九世紀中期，人們才開始藐視荷葉邊，覺得它是「無聊的裝飾」。之前不論是荷葉邊還是蕾絲，甚至現在看來根本就是少女象徵的蝴蝶結，都是男性服裝上不可或缺的素材。

十七世紀的男性們，除了會穿上以荷葉邊、蕾絲、蝴蝶結裝飾的服裝，甚至還會留長髮、鬍鬚，並在一隻耳朵上戴耳環。我們在欣賞他們的肖像畫時，絕對不會覺得這些人很娘娘腔。

荷葉邊，又稱為「縐邊飾」，以條狀布片或蕾絲抽碎摺後，車縫於領口、袖口邊緣，是當今不可或缺的時尚素材。

　　關於荷葉邊的起源，有這麼一個傳說，當時人們為了表現出老鷹振翅高飛那一瞬間的畫面，才在服裝上設計了荷葉邊。

　　說到底，荷葉邊的中心思想是充滿著「男子氣概」的呀，說什麼「無聊的裝飾」，然後把它的形象女性化，都是因十九世紀的工業化，凡事都要求效率第一所致。那麼，自荷葉邊重現於男用服裝這件事來看，這種理論是不是即將失去它的地位？

緞帶與男人
Ribbon and Gallantry

■

■

■

　　2003年4月，英美聯軍進攻伊拉克首都巴格達的消息，不斷地在報章雜誌上出現，當時由英國媒體所主辦的「黃絲帶運動」也正式展開。

　　他們呼籲人們將黃絲帶別在胸前，為在伊拉克戰鬥的士兵們加油，並藉此祈禱他們能夠平安返鄉。許多反對伊拉克戰爭、卻希望能為在前線奮戰的士兵做些什麼的人們，也參加了這個活動。

　　透過歌曲、電影等媒體，我們大家都知道「黃絲帶」是等待遠方人們返鄉的象徵，由於緞帶在日本的歷史並不長，因此還曾經出現「黃色手帕」這樣的替代品。但是在西方世界，緞帶自中世紀以來，一直肩負著傳達訊息的重責大任，只要有什麼活動，都能看

「黃絲帶」是等待
遠方人們返鄉的
象徵。

見它活躍的身影。

提倡人們了解乳癌，並給予患者援助的粉紅絲帶、關懷愛滋的紅絲帶、鼓勵器官捐贈的綠絲帶、反對虐待動物的紫絲帶，「不要再說李奧納多・狄卡皮歐（Leonardo Wilhelm DiCaprio）的壞話了！」則是藍絲帶……。要找到還沒有被用過的顏色，還真是有點困難，當然，也有不同種類的活動用同樣顏色的緞帶。

在各種活動使用緞帶時，會將緞帶等布料交叉一次但不打結，雖然人們聽到英文的「ribbon」都會聯想到蝴蝶結，但嚴格說起來，緞帶指的是「狹窄而薄的布料」；蝴蝶結還有另外的稱呼，那就是「bow」。

打成蝴蝶結形狀的緞帶，一直以來都給人「女性化」的印象。二十世紀初，可可・香奈兒被友人說成是一個「有男子氣概」的人，她在盛怒之下便開始在頭髮上綁上緞帶，打成蝴蝶結的形狀，自此以後，這種蝴蝶結就成了香奈兒「少女情懷總是詩」的固定單品。

事實上，在十七世紀的法國，這種蝴蝶結是男性用的裝飾品。搜尋當時王宮貴族或騎士的肖像畫，我們甚至可以發現，他們應用了許多的蝴蝶結，頭髮、衣服、鞋子等隨

一八七〇年代以後，陸續出現不同寬度以及織法的緞帶，使緞帶的風格更為優雅、華麗，呈現出其特有的柔美質地。

處可見，不只是蝴蝶結，也有玫瑰花型、房型的緞帶，這下子可成為「緞帶騎士」了。

蝴蝶結是在時尚界廣泛運用的元素，展現出迷人、可愛的甜美風格。

這種男性的裝飾品在法語中稱為「galant」，而「galanterie」在《皇家法和辭典》（*Royal Dictionnaire Français-Japonais*）中的意思，則是「討女生歡心的方法」。十七世紀時，討女生歡心的這些男性，似乎與「緞帶騎士」的印象有所重疊，然而緞帶現今存在於男性的裝飾中，勉強來說，只剩下蝴蝶型領結而已了。

這個詞而後演變為英語的「gallantry」，蘊含了「勇敢的行為」一意。英國議會稱呼陸海軍出身的議員們為「honorable and gallant」，我們彷彿能在他們的身上看到緞帶的裝飾，而這些緞帶裝飾也就是他們的勳章。

裙子是最後的堡壘？

Men in Skirts

　　倫敦的「維多利亞與亞伯特博物館」（Victoria & Albert museum），於2002年2月連續展覽了「男性裙裝」一段時間後，紐約也舉辦了相同的展覽活動。男性的裙裝？沒錯，不是女裝，也不是像蘇格蘭裙那種民族服裝，是普通的男性裙裝。相信一般人聽到這種事情，大多都會面露難色吧。

　　但是，有這個必要嗎？

　　目前連小學教育都不再灌輸男女有別的觀念，整個社會都在強調性別平等，但在服裝上卻還有個唯一的禁忌，那是一道無法逾越的性別之牆——「男性裙裝」。

　　自二十世紀以來，女性服裝持續加入許多男裝的元素，愈來愈多的商品出現在市面上，已經沒有什麼衣服是不能穿的；另一方面，男性蓄長髮、佩帶首飾與化妝，也已經是不值得大驚小怪的事。不過，男性們遲遲無法接受的就是「穿裙子」這件事。

正如香奈兒與聖羅蘭（Yves Saint Laurent）不斷地以男裝為靈感來設計女裝，企圖表現出有別於以往的女性情懷，高第耶（Jean-Paul Gaultier）面對女裝男穿的這個挑戰已有十幾年之久，屢戰屢敗、屢敗屢戰，希望能自「大男人」束縛中跳脫出來，塑造全新的男性風采。

這次在「男性裙裝展」中，以高第耶為首，舉凡薇薇安·魏斯伍德（Vivienne Westwood）、山本耀司（Yohji Yamamoto）、保羅·史密斯（Paul Smith）等，世界一流的設計師作品齊聚一堂，讓群眾能一飽眼福，目睹各式各樣男性裙裝的設計。

話雖如此，如果我們看到自己的爸爸或是上司穿著裙子，一定還是會覺得很奇怪吧！一百五十年前也曾經上演同樣的劇碼，當阿美莉雅·布魯莫（Amelia Bloomer）開始提倡女性穿著褲裝時，被人們認為是一種嚴重的藝瀆，引起一陣陣責難與嘲笑的聲浪，當時論誰都無法想像，有一天女性們竟然能夠「跨越性別的界線」。後來，由於褲裝被當作是騎自行車的服裝，才一口氣普及開來。在眼前矗立了好幾百年的銅牆鐵壁，一旦突破就不再是可怕的對手，女裝也因此陸續地加入許多新元素。

我明白了！也許裙子只是一個幌子，因為若是讓男性開始穿裙子，恐怕大家會愈來愈想嘗試更新鮮的服裝吧……。

高提耶面對女裝男穿的這個挑戰已有十幾年之久，希望能塑造全新的男性風采。

路易十五的高跟鞋
Louis Heel

　　這一陣子，百貨公司在改裝時，著力最深的賣場就是化妝品與女鞋。甚至有百貨公司將一樓全部改裝為女鞋賣場，就算只有一種商品，但設計卻是千變萬化，消費者一點也不會覺得膩。環顧如此眾多的鞋子，我們可以發現其中以高跟鞋的造型最為多變，而高跟鞋可說是左右鞋子印象的最大因素吧！

　　其中令人最愛不釋手的就是中等高度的酒瓶跟鞋，它兼具了高貴氣質與安定感，曲線更是魅力十足，然而將鞋跟前移的商品也非常新鮮。

　　鞋子賣場的專櫃小姐說「這叫做路易鞋跟（Louis Heel）」，根據筆者後來的調查，這種鞋跟是路易十五（法國國王，在位期間為1715至1774年）時代流行起來的。

　　提到路易十五，就會令人想到以甜美纖細、精巧華麗為特徵的洛可可藝術。我們查閱了洛可可藝術全盛時期與鞋子有關的畫作，

當時配置於腳掌中央的鞋跟都做成洛可可式的Ｓ型曲線，中央部份凹陷進去，鞋跟與鞋底接觸的上半部以及與地面接觸的下半部面積則較為寬廣。

會做成這種形狀是有所依據的，鞋跟上方面積較為寬廣，是為了支撐末與地面接觸的部份（現在的鞋子會在這裡使用名為shank的金屬製補強芯），而基於心理層面的原因，為了有別於路易十四時期的樣式，才會這麼強調其纖細的曲線。

以一句「朕即國家」享有盛名的太陽王——路易十四，喜愛能夠耀武揚威的華麗樣式，這位國王在肖像畫中的高跟鞋，感覺十分厚重且顯眼。顯眼的不只是鞋跟的高度、體積，還有顏色——大紅色的鞋跟令人著實印象深刻。

或許路易十四是因為不怎麼高才會穿上高跟鞋，但這位國王厲害的是，無論周遭裝潢多麼錯綜複雜，他還是會穿著一雙大紅色的鞋。當時宮廷中的人們因而群起效尤，爾後只要在圖畫上看到紅色的高跟鞋，大概就可以判定是路易十四時期的王公貴族。

優美的路易鞋跟就是在顛覆時代的反動下所誕生的產物，在經過三百年來幾度的復甦，出現各式的設計，至今仍然受到人們的喜愛。

路易十五的鞋子，腳掌中央的鞋跟都做成洛可可式的S型曲線，中央部份凹陷進去，鞋跟的上半部以及下半部面積則較為寬廣。

　　不用說也知道，穿著紅色高跟鞋的路易十四以及將路易鞋跟發揚光大的路易十五都是男性；在那個重視男性腿部線條美的時代裡，人們會以蝴蝶結或飾扣來裝飾使小腿看起來更具魅力的男用高跟鞋。

　　當時男性熱衷於「假髮與鞋子」的程度，一定不輸給現代女性對於「化妝品與鞋子」的瘋狂吧！

鑽石是男人最好的朋友
Diamonds are Boy's Best Friends

■

■

■

2002年，以「親吻戒指」聞名的韓國足球選手安貞煥（Ahn Jung-Hwan）加入日本足球聯賽（J-League），他當時左耳戴著鑽石耳環現身於東京都內的記者會。然而，以相關書籍占據書店一整個書架的足球明星——貝克漢（David Beckham）也作這樣的打扮，要找到一張他沒有配戴鑽石耳環的照片還真不容易！

曾經，有首歌名為〈鑽石是女人最好的朋友〉（*Diamonds are a Girl's Best Friends*），如今，我們可以說「鑽石是帥哥最好的朋友」，而且不只足球選手會配戴鑽石。有好長一段時間，人們會以有色眼光來看待男用飾品，但時至今日，男用飾品這個市場已不容忽視。首次於日本東京銀座與表參道開了兩間直營店的法國高級珠寶品牌——舒維（Chaumet），在耶誕節時也推出了男性專屬的戒指與手鍊等飾品。

大家是否認為這是第一次在西洋服裝史上有男性配戴珠寶呢？

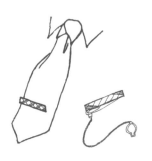

領帶夾是固定領帶的好幫手，也是可以凸顯出男性都會風格的必備單品。

不，其實男性拒絕配戴珠寶是近代才出現的狀況。

古時候，珠寶是一種動產，也是一種護身符。在十五、十六世紀時，男性們為了展現其地位，會將豪華的珠寶墜飾當作一種裝飾品配戴在身上。像是莎士比亞也曾留下一幅戴著金屬耳環的肖像畫，而范戴克（Anthony van Dyck）筆下的英國國王查理一世（Charles I）亦戴著飾以巴洛克珍珠的耳環。出現於中世紀的「珠寶男裝」，於十八世紀邁向了巔峰。

十九世紀中期，也就是現今西裝原型誕生的時期，男性開始籠罩於珠寶的陰影之下，就算配戴首飾，也是以刻有圖章的戒指（signet ring）、袖扣（cufflink）、領帶夾（tie clip）等實用性優先的物品為主流。

這個現象顯示服裝開始有一種特別的性徵，代表著「由女性將男性勤奮工作得來的積蓄展現於眾人面前」。對男性而言，與其自己配戴首飾，不如將自己的女伴打扮得漂漂亮亮的，這樣反而更能顯示自己的地位及重要性。

現在蔚為流行的男用飾品風，其實是潛伏了將近一個半世紀的時間，才能產生如此大的效應，雖然是新瓶裝舊酒，但終究還是能嗅得到嶄新的味道。

無論如何，高級飾品市場的主力消費者仍是以女性居大多數，「舒維」的男用飾品一開始也是推出情人對飾。那麼，顯而易見的是，決定權仍舊掌握在女性手上。然而安貞煥、貝克漢這類配戴首飾的愛妻派男性們，似乎也顯示了「成功的男人背後，一定有個偉大的女人」。

這或許只是筆者的錯覺，還是因為鑽石閃亮的光芒過於耀眼的緣故？

袖扣是一種高品味的象徵，看似糖果般的大小，常以鑽石裝飾，除了能固定衣袖之外，更能在舉手投足之間，讓男性的魅力大增。

安東尼斯情結
Adonis Complex

不久以前，為了追求理想體型而造成斷食、過食等飲食障礙的「疾病」，可說是只出現於年輕女性族群的特有現象。但是，根據哈佛大學醫學系專攻精神醫學的哈理森・波普（Harrison G. Pope）等三人的調查結果顯示，因飲食障礙而困擾的男性已經開始增加。

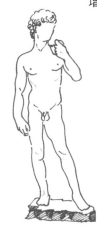

為了達到所謂的「理想」體型而過度運動，或造成飲食極度不平衡、依賴藥物等症狀，罹患「理想體型症候群」的這些男性，我們稱之為──「安東尼斯情結」，亦稱為「猛男情結」。

大衛像是意大利文藝復興時期著名藝術家米開朗基羅的傑作，代表著自信、勇氣、自由及正義，也是一種完美體態的象徵。

安東尼斯是在希臘神話中受到女神愛
芙羅黛蒂（Aphrodite）傾慕的美少年。
這種安東尼斯情結，不只是歐美，亦擴及
至韓國地區。我也曾提到，原因之一就是
由於女性地位的上升，男性變成了「被觀
賞、被選擇」的對象，但說到底，這一切
都是為了「理想體型」。

19世紀初，女性會用束腹緊
束腰部，以強調腰部的纖細
線條。

此時在健身俱樂部努力鍛鍊身體的男
性們，他們的腦海裡也許有著自己的具體
理想，比如說在與巴西對戰之後，向全世界展現他美妙胴體的足球
金童貝克漢。

但在服裝史上，所謂的「理想體型」指的是一種類似人體模型
的東西。首先要找出當時出現在媒體上那些「衣冠楚楚或衣衫不整
的美男子」的共通特徵，再加以合成就可以得到這種「理想體型」。
當我們觀察這其中的變化，便可以了解每個時代對於「理想體型」
的定義有多大差異。

舉例來說，光是腰圍就極為不同。十六世紀時，人們會用填充
物讓自己看起來像個豆子或豌豆莢。而十九世紀初，女性會用束腹
緊束腰部，再用填充物讓臀部看起來結實飽滿，以強調腰部的纖細
線條。

身體的曲線亦是如此。十八世紀時，理想體型為削肩、下半部
圓潤的西洋梨型，到了十九世紀，美男子要像個沙漏般才算合乎標

準，而1830年代，不論男女的理想體型都要像個沙漏才行。

　　許多的文獻與諷刺畫中都記載了人們付出多少血淚與心酸，才得以獲取當時所謂的「理想體型」。

　　男性的「理想體型症候群」一直潛藏在社會上，為什麼人們最近才開始關心這件事呢？雖然其人數於近十年開始急速成長也是事實，但其實真正的原因是它有了一個令人忍不住想掛在嘴邊的奇妙名字──「安東尼斯情結」。就像「多重人格分裂症」或「AC（Adult Children）症候群」這些後來才被命名的潛在症候群，也許當它們開始「流行病」化時，人們才開始對它們有所了解。

男孩子穿粉紅色洋裝
Pink for Boy's Dress

在「兒童節」慶祝的是幾歲的兒童呢？如果參考交通工具的收費規定，人們似乎在12歲左右就要告別兒童時代了。

在日本象徵男孩子轉變為成人的「元服」儀式，大多也是在12歲舉行，將兒童改為成人版的服裝與髮型，不只能夠令旁人耳目一新，也可以喚起當事人的自覺吧。日本在平安時代開始舉行這種「男孩子至成年男性」的儀式，一直維持到江戶時代，然而西方也很早就有了這種習俗。

西方多半是在男孩子5歲至7歲時舉行這個「讓男孩子穿馬褲的儀式」，它在英語中稱為「breeching」，藉由讓男孩子穿馬褲（breeches），也就是短褲式的成人服裝，象徵這個孩子從此進入了成年男性的世界。

那麼，穿馬褲之前的男孩子們都穿些什麼呢？

答案竟然是洋裝！

西方十六世紀中期至二十世紀初期的肖像畫中，許多年幼的男孩子都是穿著迷你版的成年女性洋裝，像是尼可拉斯・拉日利埃（Nicolas de Largilliere）筆下那名兩歲的路易十五、霍加斯（William Hogarth）筆下所描繪的那些年幼貴族子弟等，很多都是上流階級的人物。而在奧森・威爾斯（Orson Welles）的電影《安伯遜情史》（*The Magnificent Ambersons*）中登場的莽撞孩子，也是一身洋裝配上一頭捲髮。

為什麼要給男孩子穿洋裝呢？

雖然直到現在都找不著什麼明確的紀錄，但無庸置疑的是，對於男孩子而言，與其和女孩子有所分別，與成年男性之間的區隔更為重要；而這個習慣一直到1920年代才告一段落。

話雖如此，但讓男孩子在某天脫下與姊妹們一樣的洋裝後，馬上換穿成年男性的服裝這個習慣，其實只維持到十八世紀末而已。之後，人們「發現」到「人類的成長歷程中會有一段不是幼兒也不是成年人的時期」，因此男孩子在脫掉洋裝之後，不是穿成年人的服裝，而是「童裝」。

1790年至1830年代時，受到眾人歡迎的男孩童裝，是將上衣以紐扣與長褲相連的「萬能鈕扣服」（skeleton suits）；而後，肖像畫家溫特哈爾特（Winterhalter）畫了一幅5歲愛德華皇太子（後來的愛德華七世）肖像畫。

由於皇太子穿著水手服的模樣實在討人喜歡，十九世紀初期水手服開始普及。到了1890年代，黑色天鵝絨上衣、及膝長褲加上荷

19世紀初期水手服開始普及，不只是男孩童裝，就連成年女性也流行穿水手服。

葉邊罩衫就成了「方特洛伊服」（Fauntleroy suits），在當時掀起了一陣風潮。

柏內特（Frances Hodgson Burnett）的故事《小公主》（*Little Princess*，1886年）中，女主角就是穿著方特洛伊公爵風的服裝。除此之外，男孩童裝還有其他五花八門的款式，十九世紀的男孩子們，在告別男孩時代前，除了洋裝以及一些神奇的服裝，可以說是穿遍了各式各樣的服裝。

令人玩味的是，在此同時，成年男性的西裝文化也趨於成熟。由成年男性喜愛看起來單調無趣的深色西裝這一點來看，是不是因為小時候穿童裝的經驗，讓他們已經看膩了那些五顏六色的服裝呢？

順帶一提，「粉紅是女孩子的顏色、藍色是男孩子的顏色」這個思考模式，是在不久之前的1950年代才「固定」下來，雖然這個性別象徵實在有點無憑無據。以往藍色才是女孩子的顏色，因為藍色柔軟、壓抑的色調，在中世時代表著「真正的情人」、「忠實的隨從」等意義。

而粉紅色是激烈的，是血液沖淡過後的顏色，因此被認為是適

合男孩子的顏色。1918年某雜誌介紹克勞麗亞‧克魯斯‧基德威爾（Claudia Brush Kidwell）編著的《男與女──穿著角色》（*Men and Women: Dressing the Part*）一書時指出：

「一般人都能接受粉紅是男孩子的顏色，藍色是女孩子的顏色，為什麼呢？因為粉紅果斷而剛強，比較適合男孩子，而優雅的藍色則適合女孩子。」

也就是說，象徵性別的顏色自五〇年代開始轉變，地位提昇的女孩子適合粉紅色，而軟化的男孩子則適合藍色嗎？

王子風時尚

Prince Look

　　最近常常聽到人家說「王子風」。其設計可說是多采多姿，像是在胸前有蕾絲裝飾，或頸部設計為 V 型的立領等，大抵來說，就是將童話故事裡王子們穿的衣服稍加改變，做為現代女性服裝中的一項單品。

　　當我們在童話中想到「好久好久以前……」的王子們，筆者忍不住開始揣測，他們的服裝到底是以哪一個時代為基礎呢？

　　但同樣的童話故事可能有無數種版本，也許無法一概而論。舉例來說，迪士尼版《睡美人》裡的菲力普（Philip）王子，是作十四世紀的打扮（從旁白與台詞中也能一窺端倪）。而同樣的，迪士尼出品的《白雪公主》中白馬王子的扮相也差不多是同一個時代。

　　白馬王子的裝扮是在罩衫上穿上束腰外衣（tunic）再繫上皮帶，下半身則是穿著緊身褲（迪士尼版本的看起來像是穿著窄管的長褲），以及一雙短靴。

王子的典型裝扮是罩衫上穿上束腰外衣
再繫上皮帶，下半身則是穿著緊身褲，
及一雙短靴。

　　為了配合時代，王子還會披上披風，這就是中世紀一般常見的男性服裝。束腰外衣是從上套入的筒型服裝總稱，在王子們的時代，它被稱為「cotehardie」。

　　事實上，就服裝史的觀點來看，十四世紀開始，服裝有了明確的性別差異。男性服裝基本上是一眼就能看出四肢形狀的衣褲組合，而女性則以長裙遮蓋住下半身，如此鮮明的對比可說是劃時代的改變。

　　原來如此！為了忠實呈現童話故事裡「公主靜靜等待，王子為了拯救公主而奮戰」這樣的角色分配，十四世紀時開始男女有別的服裝是最適合他們的傳統服裝。

　　而後，王子風雖然尚未成為女性服裝的基本樣式，但男性服裝開始有了大膽且劇烈的變化。

　　罩衫的長度自十四世紀末至十五世紀開始縮短，甚至到了旁人能完全掌握其臀部線條的高度；身體前方也稍微暴露了些，覆蓋左右長筒襪打結處的布料，由於無論如何都會被人看見，因此為了不讓人覺得是不小心出了洋相，人們開始想盡辦法加以裝飾，使其誇張化便演變為緊身褲胯部的袋狀布。

　　此外，不論步行再怎麼困難，十四世紀末的尖腳靴指尖的部份，似乎總是無止盡地向前延伸。

　　這種優雅的鞋子讓人不禁聯想到2003年的女靴，不只是一直以來都相當受歡迎的及膝長靴，半筒靴亦是來勢洶洶。

　　而同樣地，在2003年的女裝部份，也流行短洋裝配上緊身褲的王子風，原本在六○年代時，短洋裝就屬於罩衫的範疇。而現代女性與中世紀的男性一樣，明白扮演王子比扮演枯等的公主更是有趣多了。

非關男女的一種風格
Mademoiselle Kamayatsu

2003年，日本出現了一種被稱為「釜萢女」的女性。

日本「文化學習研究所」的三浦展先生，將頂著一頭亂髮、帶著老頭帽子、一身休閒風服裝，宛如歌手釜萢弘（KAMAYATSU HIROSHI）般不修邊幅的女性，命名為「釜萢女」。釜萢弘先生本人的心情也許五味雜陳，但的確一點兒也不誇張。

依照三浦先生的分析，這種「樂於作自己」的釜萢風服裝，誕生於否定所有既存的「相似性」。原來如此，當筆者觀察這些人的照片，的確無法一眼猜出他（她）們的性別與年齡。年齡不詳也許是種稱讚的說法，但性別不詳就實在有些微妙了。就算現今的教育再怎麼強調性別平等，期望不對性別之間的差異抱持偏見，採自由且開放之態度，但遇到性別不詳的人，筆者還是會忍不住心裡一驚。

這種「驚訝」，有極大的可能轉變為強烈的好感，時尚圈有時會為了利用所謂的「Sick of Shock」（因衝擊而產生的魅力）法則，

刻意模糊性別之間的差異。

釜菠女們消除了現存的「女性化」與「男性化」，性別便失去了意義，這是「非男非女」的性別不詳；相對來說，「Sick of Shock」則是兼具兩性特色（androgynous）的性別不詳，使既有的「女性化」與「男性化」顯得更為鮮明，進而強調「個人主義」魅力，也就是「亦男亦女」的性別不詳。

在服裝史上，三大「男裝麗人」便是將其善加利用而青史留芳，她們分別是喬治‧桑（George Sand）、凱薩琳‧赫本（Katharine Hepburn），以及瑪琳‧黛德瑞希（Marlene Dietrich），時常穿著男裝的她們作起事來不讓鬚眉，但她們艷光四射的「女人的一面」，亦留給人們無限的遐想。

其中，最近重新返回時尚舞台的是瑪琳‧黛德瑞希。克利斯汀‧迪奧（Christian Dior）的設計巨匠約翰‧加里安諾（John Galliano）於2004年春夏以瑪琳‧黛德瑞希為題發表了一系列的作品，另外，她的孫女亦公開了一部名為《瑪琳‧黛德瑞希》的記錄片。其在《摩洛哥》中一襲燕尾服與大禮帽的模樣，與第二次世界大戰勞軍的軍服打扮，都遠遠超越了女性化或男子氣的氛圍，帶給人們的是「瑪琳‧黛德瑞希」特有的迷人魅力。

無視「男性化」、「女性化」存在而樂於無性的「忠於自我」，此外，肯定雙方優點使其共存的危險平衡，不也是一種「忠於自我」嗎？不論哪種「風格」，時尚只要扯上「風格」，就一定會產生新的問題。

自戀狂與型男

Metrosexual

前面我們提到了「男裝麗人」，此時就會出現這個必然的疑問：有沒有所謂的「女裝美男」呢？

就算不是穿著女裝，有沒有可能在身上搭配專屬「女性」的要素，來凸顯自己的「男子氣概」呢？

這令人不禁會想到塗著粉紅色指甲油，戴著鑽石耳環的貝克漢，如果硬要說這個問題是「因人而異」其實有些過分，時下一般的男性也可以說「雖身為男生，也想學女生化妝，或是穿上流行的時尚服裝」，然而他們的想法創造了大大的商機。

東京的伊勢丹百貨本館改裝後一個月，男用化妝品與飾品的銷售額比預期要多了兩位數，正象徵著這個改變；長久以「女性」為主力的臉部、頭髮、指甲等消費市場不在話下，就連服裝、配件與室內裝潢等範圍，愈來愈多的男性為堅持自我美感不惜金錢與精力。

這些以往會被認為是同性戀的「女性意識者」在全世界的都會

區造成不小話題，英語圈以「型男」（Metro-sexual，愛好都會的人）代替異性戀者（het-ero-sexual，愛好異性的人）稱呼這些非同性戀的人們，英國作家馬克·辛普遜（Mark Simpson）在1994年的英國《獨立報》（*The Independent*）裡一篇「鏡子俠的時代來了！」（Here comes the mirror men）的報導中首次使用了這個稱呼。

鏡子俠，雖然曾經有一個虛擬英雄也叫這個名字，但這裡的鏡子俠指的是那些「一直照著鏡子的美男子」，事實上，型男與自戀狂（narcissist）也許只是一線之隔而已。

筆者與電影評論家齋藤敦子女士討論所謂的型男時，齋藤女士表示：「您在《西裝的神話》一書提到的花花公子（macaroni），會不會就是型男的始祖呢？」

關於十八世紀末自義大利返回英國，以誇張華麗的「女人味」裝扮挑動保守派神經的那些花花公子，稱為「macaroni」；而十九世紀前期由布魯·梅爾（Beau Brummell）帶領的時髦風潮（dandyism），這些堅持符合都會美感外表的花花公子則稱為「dandy」，難道

過去談到男性造形僅止於男明星的專屬權，例如金城武的俊俏外型，帶點公子哥兒又不矯揉造作的感覺，是台灣熟女心目中公認的「型男」代表。如今隨著時代觀念的改變，男性造型已在產業上產生質變，像是推陳出新的保養化妝品，甚至是髮廊、美容SPA等專門店，都鎖定了這一群潛力無窮的型男消費者。

不能說是型男的始祖嗎？

「綜合女性要素的美男子」，這些始祖們的「女人味」有著政治層面的意義，「macaroni」抵抗的是社會體制，而「dandy」不是要抵制誰，為的是象徵超越時下庸俗的中產階級（Bourgeois），而活用了「女性」的要素。「女性化」的抵抗姿態提升了他們的「男子氣概」。

也許那是在男性至上的時代才會出現的例子，身處現今由女性主導的消費王國，型男的「女性」要素也許只是為了討人喜歡。是討女性的歡心嗎？不管怎麼說，至少也要讓自己更愛自己……。

再次攻佔裙子堡壘吧！

Men in Skirts Again

前面我們提到了「裙子是最後的堡壘」，裡面提及的話題，大多是設計師或美術館的男性裙裝展覽，對一般人來說也許距離太過遙遠，但就在兩年後，這樣的情形開始有了轉變。

以古希臘為舞台的電影《特洛伊》（Troy）上映時，飾演主角的布萊德・彼特（Brad Pitt）在柏林全球首映會前的記者會上表示，「我想在夏天以前男人間就會開始流行穿裙子吧！為什麼這麼說呢？大家看過電影就知道了。」

那也許只是宣傳電影的玩笑話，但2004年2月美國紐約曼哈頓地區的遊行活動記憶猶新，筆者認為這些話不能只是一笑置之，大約有一百名男性穿著裙子參加了當時的遊行，他們主張「男人也有穿裙子的權利！」

曼哈頓的遊行訴說著那些眼見女性享有服裝自由，卻無法恣意穿著任何服裝的男性苦悶。這令筆者想起2003年安德魯・波頓

（*Andrew Bolton*）在《穿裙子的男人》（*Men in Skirts*）一書中，第一章的標題就是〈抵抗褲裝的男性們〉；追求裙裝的奮鬥，其實是為了追求自由吧。他們的奮鬥產生了具體的成果。

專門做給男性穿的「美式短裙」。

舉一個波頓所說抵制活動中較近的例子，1990年之後，美國出現了一個團體：「反抗褲裝暴政的勇士」（Bravehearts Against Trouser Tyranny，簡稱BATT），由於社會上不容許男性們自由地選擇裙裝或褲裝，這個團體才決定挺身而出。而某間公司看中了這個市場，針對在網路上聚集的他們，製作了類似蘇格蘭短裙（kilt）的「美式短裙」（AmeriKilt），並號稱這種服裝是「獻給自由而充滿自信的男性──真男人的服裝」。

美式短裙的靈感來源，應該就是BATT熱烈的討論吧！他們表示「男子氣概不應該表現於被周圍人們強迫參戰時，不應該表現在誇耀自身力量時，擁有不害怕與眾不同的自信，才算是真正的男子氣概啊！」只是為了穿一件裙子，把話說成這樣，真是令人感傷呀。

原本只是小眾的型男（為了外表不惜一切努力的男性），他們的勢力正逐漸成長，也許在不久的將來，男性裙裝的城牆就要倒塌。

儘管如此，對於懷舊者（Retro-sexual）來說，要解說「男子氣概」似乎就應該摩拳擦掌，但其實只要姿態柔軟一點，不就是邁向「自由」的最短距離嗎？還是說，以往也曾經出現這樣追求與女性地位平等的奮鬥？

敗犬與反性族
Contrasexual

事業順利又多金，而且生活不乏追求者，因此在朋友的結婚典禮上，就算捧花飛到眼前也不會伸出手去，只是任它重重地落在地面。

受到全世界觀眾喜愛的美國電視節目《慾望城市》（*Sex and the City*），當中的莎曼珊・瓊斯（Samantha Jones）就是一名提倡不婚主義，於公於私都擁有充實生活的女強人，而這樣的女性階層在全世界的各個都會區開始展露頭角。

2004年11月，英國的顧問公司「未來研究室」（Future Laboratory）受「標準人壽」銀行委託，製作了一份新的生活型態報告，其中將上述的女性命名為——「反性族」。

這個字是取意思是逆向的、相反的「contrary」一字，與前篇介紹的「metrosexual」的後半結合而成的——經濟獨立、了解成功必須背負很大的風險、積極享受自由戀愛並樂在其中的女性——也就是說，她們與傳統女性被賦予的角色完全相反，這就是這個稱呼的

由來。反性族是近幾年未婚上班族女性的代表性族群，而電影《BJ的單身日記》（*Bridget Jones's Diary*）中的布麗琪·瓊斯（Bridget Jones）又是另外一種典型。布麗琪為了減重而汲汲營營，一心想要找到屬於自己的「真愛」，對於反性族的女性們來說，事業上的成功比結婚與否重要得多了，「作個賢妻良母」這件事對她們來說簡直就是惡夢。

也許與自虐只有細微的差別吧，日本稱呼反性族、布麗琪，以及所有因為某些因素而未婚的女性為「敗犬」。

這份報告中也介紹了很多其他的新「族群」。像是希望透過手工實作，體驗真實生活的人們稱為「新真實主義者」（new authentic）、為了實現夢想，樂於接受挑戰與風險的「英雄」（Hero）等，不論是哪種族群，他們都可以說是一群「反現狀者」（contrarian，與主流思想背道而馳的人），無法繼續忍受由同化、妥協得到的寧靜。

語言是有其不可思議的力量，人們自然而然地會賦予「反性族」一詞明確的潛在需求，不知不覺中便形成巨大的都會文化或是商機。在遙遠海的那一端形成的鮮明概念，到底具備了怎麼樣的內在呢？就像聽到酷斯拉的腳步聲般，筆者的確感受到了那股壓迫感。

穿著套裝的職場女性總會給人不易親近的形象，但也間接反映出「反性族」的特有性格。

跨越性別差異的嘗試

Masculine? Feminine?

2003年奧斯卡金像獎中令人印象最為深刻的男演員，可說是穿著胸前飾有荷葉邊的襯衫，以及蘇格蘭風燕尾服的史恩・康納萊（Sean Connery）吧。

十七世紀時，荷葉邊、蕾絲與緞帶等，都是男子氣概的象徵，到了十九、二十世紀，卻背負著「娘兒們玩意兒」的刻板印象，但任誰都會認同這種「娘娘腔的」荷葉邊，絲毫不損康納萊的「男子氣概」，反而令他顯得愈加風度翩翩吧。

男性用荷葉邊的「反攻」，並非只在名人的正式服裝上才能看見。一般男性配合西裝穿著的襯衫，也可以看見荷葉邊，而訪問荷葉邊襯衫廠商的過程正如前面所述，「當初製作的時候，有考慮過要跨越性別界限嗎？」負責人對這個問題表示：「沒有耶，當初我們一直尋找著衣櫥裡面沒有的服裝，找著找著，就想到了荷葉邊，由於女性們也很喜愛荷葉邊，我們想這也許行得通哦！」製作者竟

甜美的荷葉邊襯衫，是女性上班族
展現女人味的時尚流行單品。

不是懷著超越性別界限的抱負，筆者還記得
當時就像被重擊般的驚訝。

仔細想想，在聖女貞德（Jeanne d'Arc）
的中世紀時，涉及性別差異的舉動是致死的罪
行，而十九世紀時阿美莉雅・布魯莫提倡的男
女平等，也被視為威脅社會根本的一大醜聞。直到二十世紀，眾人
才開始認同這些踰越性別象徵的行為，就算不怎麼光采，但也有其
存在的病態價值，我們說「Sick of Shock」能夠撼動服裝史，而跨
過性別差異帶來的「震驚」便是其中一個很重要的因素。

女性服裝方面，如1920年代時香奈兒設計的中性樣式（gar-
conne look）與褲裝風格、1960年代聖羅蘭設計的燕尾服樣式，與
1970年代的安妮・霍爾（Annie Hall）樣式等；反觀男性服裝，則
是1980年代由高第耶採取行動，推出馬甲或裙子等加入女性要素的
「HOMME object」（倍受注目的男人）風格。這些設計乃是「跨越
性別差異的嘗試」，在服裝史上留下了光輝的一頁。

而今再次重新審視，與其說這些設計單純的融入了兩性特徵
（androgynous），不如說是藉由異性的陪襯，讓原本的女人味或男
子氣概顯得更為明亮。

難道說踰越性別差異的興奮感並沒有模糊性別，反倒強調了性

別的特色，是這樣嗎？

另一方面，1960年代以後開始普及的中性（unisex）服裝，試圖讓人感覺不到性別的存在（asexual），這使得兩者兼備的服裝產生了不同的效果，也使得性別差異的藩籬更為薄弱。

現在我們幾乎無法感受到什麼性別差異，再怎麼跨越也不會被媒體寫成醜聞，以往的性別象徵也只是夢幻泡影，只能勉強說是「衣櫃裡沒有的東西」而已。

在這樣的時代，「男子氣概」、「女人味」這些直至二十世紀都與性別差異有所連結的概念已不復見，就像是都成了衣櫥裡的記號。2003年秋冬時裝展的女裝，都不怎麼像是傳統的「女孩模樣」，以「新女裝風格」（fresh couture）或「好萊塢式的優雅」（Hollywood glamour）來形容還比較貼切。雖然乍看之下是在強調傳統女性的特色，事實上像是調皮地問：「怎麼樣？百分之兩百女人味的滋味如何？」（其中又以加里安諾最為明顯）。

這裡說的女人味不是「花花公子式的女人味」（dandy femi-nine），而是「帶有男子氣度的女人味」（masculine feminine），以往「加入男裝要素以昇華女人味」這類與性別有關的設計，都能明顯地感受到其相異之趣。但只要我們架空了性別之間的差異，感覺掌握「女人味」就像在玩拼圖般，像是「40%的男子氣概加上60%的女人味」。

這樣的服裝不只是在時裝展才會出現，從普通女孩子的打扮也能略窺一二。連身洋裝的設計已經停滯了很長一段時間，肌膚的暴

露程度卻是每年等比例成長，這種現象絕對不是象徵著傳統「女人味」的復活，也幾乎與性暗示沒有關係。說到底，人們只是在尋求「衣櫃裡沒有的單品」，只是希望找到讓人耳目一新，屬於「女人味」的可能記號罷了。（如果覺得厭煩，又可以在連身洋裝下穿上長褲，享受「雙搭」〔haniwa，請見本書第168頁〕無性的樂趣）。

　　儘管服裝「風格」已經邁向「遊樂」的階段，仍有服裝頑強地堅守十九世紀的性別藩籬，那就是老派的上班族西裝。他們不會把什麼荷葉邊襯衫放在眼裡，也不會在乎夏日炎炎與脖子的難受，無論如何，他們都會死守這個成年男性的「習慣」，而「讓人從袖口看見10公釐的襯衫」、「長褲要有18公釐的摺線」等，這些以公釐為單位嚴格的「不成文規定」愈多，就愈能看出「成年男性追求時髦的樂趣」吧！

Chapter 04

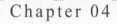

你不可不知的時尚辭彙

浪漫的、豪華的、富有魅力的、
質樸的、可愛的、某某年代風……。
這些琳瑯滿目的時尚形容詞，
你用對了嗎？

浪漫的
Romantic

romance【名詞】1. 戀愛； 2. 比小說更不可思議的故
事；3. 傳奇故事、虛構小說；4. 造作之事、虛構、誇張。

以荷葉邊、皺摺裝飾的洋裝、充滿花朵、蝴蝶圖案的民族風裙
褲等，人們會以「浪漫的」來形容這一類給予人柔柔軟軟、暖暖甜
甜印象的服裝。

如夢似幻的浪漫風潮曾經數度令人們為之心蕩神馳，而在服裝
史上，這個詞彙是從十九世紀初期才開始使用的，也就是
那個歐洲盛行浪漫主義的時代。

十八世紀末至十九世紀初開始興起的浪漫主義，所
呈現出來的是一種精神思潮，他們主張將理論不能解釋的
熱誠、秩序無法壓抑的感情表現於外，而其背景是為了抵抗
急速發展的工業化，以及使人性窒息的現代化社會。

為了將掙脫束縛的感情表現在服裝上，人們開始大量使用像花朵、緞帶、荷葉邊、飾扣等這些讓人有如夢般感受的裝飾品。

若是要舉一些過去的例子，比如說2002年春夏的浪漫風，就不能說與整個社會快速IT化，以及利益至上主義造成的鋤弱扶強無關。事實上，LV（Louis Vuitton）的設計師馬可‧賈伯斯（Marc Jacobs）十分喜愛使用貼花，他表示「希望能夠傳達人們掌心的溫暖」。

如果真是如此，以純淨裝扮呈現其社會觀的浪漫風，實在是不能小覷的時尚流行呀。

大家知道嗎？在日本，蘊藏智慧的白髮被稱為「romance grey」，據說這是由新力（Sony）引入日本的和式英語。

馬場啓一先生在《風度翩翩之路》一書中介紹了這個故事。日本昭和35年（西元1960年），新力總裁盛田昭夫先生前往紐約時，一位友人跟他說美國人覺得稱白髮為「romance grey」很帥氣，回到日本後喜不自勝的盛田昭夫先生，成天把這個詞掛在嘴邊，這個有些許改變

蕾絲、緞帶裝飾的鞋款，讓女性多了些柔美與感性的味道。

充滿花朵、蝴蝶圖案的服裝，給予人柔柔軟軟、暖暖甜甜印象

具有荷葉邊、花朵、緞帶等等的服飾，
總是會散發出浪漫的迷人氣息。

　　的版本才開始在日本普及。（《大辭林》則表
示是因為飯澤匡先生在1954年出版了同名小
說才開始流行）。

　　無論如何，有了新力的例子似乎讓人們更
具信心。在新幹線中，稍具高級感的特急列車
稱為「romance car」；劇院或電影院中的情
侶座是「romance seat」；配件用的線則是

「romance code」。這些陸續登場的「浪漫系」和式英
語，還是與原本的浪漫主張有那麼一點點的差距。

豪華的
Gorgeous

gorgeous【形容詞】1.燦爛的；2.壯麗的；3.豪華的；
4.才氣縱橫的；5.極美的、美妙的。

■　　　■　　　■

　　浪漫風的洋裝十分受歡迎，有飾以荷葉邊或刺繡的、若隱若現的……。看著看著，就連眼睛都要融化，在眾多夢幻的洋裝當中，也有些洋裝顯得有點特立獨行，讓人不禁為之心動。

　　那就是以堅韌蕾絲裝飾衣領的襯衫式洋裝（shirt blouses），近幾年才開始固定下來的硬領襯衫，也是由「浪漫風」演變而來；但是，當人們想到包圍頸部的裝飾，也許都會想到傘蜥（Chlamydosaurus kingii）吧。

　　筆者曾經見過這種蜥蜴，真的與十六、十七世紀時歐洲宮廷貴族的必需品「襞襟」（ruff）一模一樣。

　　人們在頸部周圍以華麗，或者說詭譎怪誕的襞襟裝飾，有時候

看起來像是人們背後四射的光芒，有時候又像是在行刑時用來盛裝人頭的盤子。狗貓等寵物生病時，我們會在牠們的頸部裝上「伊麗莎白項圈」（Elizabeth collar），這種項圈就是伊麗莎白一世在襞襟最為盛行的時代所命名的。

當時的人們希望襞襟能為他們帶來什麼效果呢？答案竟然與我們想像的完全不同。人們淡然地使用這個象徵絢麗豪華的「gorgeous」，其輪廓也逐漸呼之欲出。「gorgeous」常常被用來形容襞襟，語源有「適於裝飾頸部」的意思，也有些辭典直接說它就是「襞襟」；而「gorge」則是咽喉的意思。

用上漿的布料作成褶子或波浪狀，接縫於袖口及領口的裝飾，可說是豪華風的代表作品。

不論「適於裝飾頸部的襞襟」是否十分昂貴（事實上的確非常昂貴），這樣的裝飾使得當時貴族間的鬥巧爭奇愈加華麗、愈行誇張，最後，襞襟竟達到有四十公分之高，後來甚至出現了三層、四層的「最新型」，被戲謔為「襞襟大王」、「惡魔化身」的怪物形象，才是「gorgeous」原來的意涵。

了解到這點之後，我們就會明白為什麼人們使用「gorgeous」時，一定不是毫無保留的稱讚，總是會帶點挪揄、諷刺的成份，不是因為其他原因，就是由這個根本意義演變而來。

　　而此根本意義也給現代人一種警惕，如果行為過於誇張，就一定會讓人覺得很奇怪，英語中的妖女稱為「gorgon」，就是希臘神話中三個蛇髮妖女其中之一的戈爾根（Gorgon），兩者都是「gorg」開頭，這難道只是一種巧合嗎？

　　日本人使用「gorgeous」時，往往有著「真是奢華啊，一定很昂貴吧！」的意思，但在英語中並非如此，如果將「奢華」譯為英語，應該是「luxurious」比較恰當。

洗練
Sophistication

sophisticate【動詞】1. 使異物或雜質混合；2. 使不自
然；3. 使複雜精巧；4. 強詞奪理。

　　在宴會正式開始前，將華麗氣氛炒熱的飲料就是雞尾酒，十九
世紀中，美國開始在洋酒裡加入蘇打、果汁、甜味、苦味等成份，
這就是雞尾酒的由來。

　　將「cocktail」這個英語拆開，就成了「cock tail」，也就是
「公雞尾巴」的意思，當人們將雜種馬的尾巴截短，使其看起來像公
雞尾巴那樣翹著開始，cocktail也有了「非純種馬」的意思，也因為
如此，使人聯想到「雜種」的混合酒才以此命名。

　　雖然雞尾酒的起源還有其他幾個說法，但就像乍看之下這個詞
給人的感覺，「cocktail」在當初並沒有帶著什麼正面的意思。

　　然而就在1920年代時，情況有了一百八十度的大轉變，雞尾酒

成了一種流行的時尚飲品；在雞尾酒時間（晚餐前享受雞尾酒的午後時光）出現的同時，名為雞尾酒洋裝或酒會禮服（cocktail dress）的專屬服裝也隨之興起。

為什麼會產生如此劇烈的轉變呢？

事實上，這都是因為在同一時期，某個詞彙的意涵有了巨大的變化，那個詞彙就是「sophistication」。

目前在很多的時尚雜誌上，都能看到被譯為「洗練」的這個詞，但其實它也是在1920年之後才博得好感，其原意為「混合物質」，在二〇年代以前，代表著使純正物質摻和雜質的劣質化；而二〇年代之後，人們開始欣賞加工處理過的物品，認為偏離自然的洗練更具美感，這個詞方才被賦予正面的形象。

比起天然物來說，人們覺得加入其他物質的人工品更具時尚感，這種觀念帶動了人造珍珠、化妝的流行，也提高了尼龍製品的價值，雞尾酒的地位也是因此後急速竄升。

這種感性誕生於都市化、工業化急速進行之下的社會，縱使其風格帶著點世俗的醜陋，繼承了這種感性的我們仍會予以讚賞。

雞尾酒除了給人宴會的華麗氣氛、浪漫的夏日風情外，
也代表著「洗練」一詞的意義。

富有魅力的
Glamorous

glamour【名詞】1. 魔術、魔法；2. 不同凡響、如夢似幻般的美；3.有魅力的；4.動人的；5.有吸引力的。

■　　　■　　　■

時裝秀裡最受人注目的不是走在伸展台上的模特兒，而是第一排（**Front Row**）的觀眾。

設計師亦會慎選這些左右品牌形象的貴賓們，甚至會因為站在舞台上向下望，而為了觀眾席中的某位來賓感到心蕩神迷。

拉夫・勞倫（**Ralph Lauren**）就是其中一個例子。當時他對第一排觀眾席中，西班牙出身的女演員潘妮洛普・克魯茲（**Penélope Cruz**）極為心動，除了希望她能試穿新設計的洋裝，還請她擔任新推出的香水代言人。

這款香水的名字就是「魅力」（**Glamorous**）。

當日本人提到「**glamorous**」時，多是用在穠纖合度的美女身

上，但潘妮洛普的身材應該以清瘦來形容比較恰當。但她卻能將拉夫‧勞倫想呈現的魅力表現得淋漓盡致。為什麼會有這樣的差別呢？為此，筆者再次確認了英語中「glamorous」的意思。

這個形容詞是由名詞「glamour」引伸而來，十八世紀開始使用時，是「魔法」還有「魔術」的意思，到了十九世紀，「魔法」被人們解釋成「迷惑人心的魅力」，時間進入二十世紀初期，「glamour」甚至有了「使人飄飄然的美艷」之意。

也就是說，「glamour」的核心就是魔法。當我們體認到這一點，就能認同潘妮洛普為什麼能夠成為現代魅力的象徵，因為跟她合演的演員們幾乎無一倖免，都拜倒在她的石榴裙下，她甚至被媒體封為「好萊塢的頭號發電機」。

而「魅力」香水的香味雖然滿溢幸福的陶醉感，但外表卻是清秀透明，一如潘妮洛普在電影中的角色。

但她在西班牙電影中的形象卻大相逕庭。她在畢卡思‧路那（Bigas Luna）所

通常說某個明星很有魅力，一般認為是指她們的身材與長相好看。美國科學家卻指稱，這種對魅力的看法是錯誤的。依研究顯示，女性有魅力的祕密並不單是身材比例與面容的問題，而是在於她如何靠舉手投足間展示自己的美。完美的「沙漏身材」（前凸後翹的苗條身材）還不足以說明「魅力」一詞。有魅力女性最具吸引力的是走路時風情萬種，展現美態，如一代性感女神瑪麗蓮‧夢露；而男子則是要像阿諾‧史瓦辛格那樣有如英雄般昂首闊步才叫人心儀。

執導的電影《赤裸貴婦》（或譯為《宮廷怨史》，*Volavérunt*）中珮琵塔（Pepita Tud）一角，雖然身著得體的淑女服，內心卻暗藏了野性的激情。對於美國人來說，比起挑逗人心的潘妮洛普來說，還是那個以透明面紗覆蓋熱情的潘妮洛普，才能夠完美詮釋「魅力」吧。看來，魔法還是會受到文化差異的影響！

　　若真是如此，我們就可以了解為什麼在日本「glamorous」是這樣的意思。對於日本人來說，富有魅力的魔法，穠纖合度是很重要的元素之一；若是要將日語所代表的「glamour」以英語來說，雖然都是「曲線美」，但不會是英語中的「curvaceous」，而應該是「curvy」吧。由於實在太容易理解，因而不禁讓人莞爾一笑啊！

　　大家知道嗎？七〇年代於倫敦登場的華麗搖滾（glam rock），其實說的就是「富魅力的搖滾樂」（glamorous rock）；至於為什麼會這樣命名，是因為當時大衛・鮑伊（David Bowie）、馬克・波蘭（Marc Bolan）等人那眩惑人心、絢麗頹廢的化妝與服裝，讓舞台底下的人們見證了何謂「魅力」。

質樸的
Rustic or
Kireime Dirty

rustic【名詞】1.鄉下人、農夫；2.鄉村；3.粗俗之人。
dirt【名詞】1.泥、土；2.下流的想法。

以流蘇裝飾的裙子、看似僧袋的斜背包、帶有穗狀物（粗繩結）的腰帶、編織的涼鞋、撕裂的布料、多層的服裝等波希米亞風（bohemia）正值流行。

「滿街都看得到的波希米亞風」，其實這句話充滿了語言上的矛盾，因為所謂「放蕩不羈的文化人」（bohemian），指的是那些不遵循主流意識的少數派，那麼，成為主流之後，他們是否失去了真正的核心價值？

正因為如此，繼波希米亞風之後，設計師們持續摸索下個可能性，並於2002至2003年的米蘭秋冬時裝展中，提出了嶄新的概念。

那就是——鄉村（rustic）。

「鄉村」也就是「純樸風」，而最深入人心的不外乎就是D&G（Dolce & Gabbana）了，用古早縫紉機織成的羊毛衫、雕以義大利西西里島家具花紋的小牛皮外套等，呈現了洗練純樸的高尚品味。

日本演藝圈也出現了一個打著鄉村名號的新人團體，她們是一邊在牧場工作，一邊以歌手身分展開活動的「半農半藝音樂家」——「鄉村姑娘」，而她們的出道單曲〈第一個生日快樂〉，據說亦被人們稱為純樸系的樂曲。這個風潮包含了鄉村地區的溫暖，而「老奶奶」（granny）的概念更是擊出了勝利的一擊！

這是2003年春夏歐洲紡織品市場最為火熱的話題，依照日本《纖研新聞》的報導，義大利某個社長表示：「我喜歡穿老奶奶的衣服，或者說，我喜歡自己穿起來的感覺。」

有別於波希米亞風破舊、髒污的強烈主張，老奶奶的舊式風格有著質樸、原始的溫暖。那麼，我們應該以什麼態度來面對這樣的改變呢？

不管怎麼說，「老奶奶的傳統風」所使用的布料都是新品。這其中的奧妙正如同名為「鄉村姑娘」的歌手們有著擠牛奶的特殊才藝，而D&G的鄉村風緊身背心，則是都會人遊樂時穿著的服裝。

或許這就像是逃離城市、放蕩

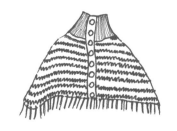

取代圍巾而流行起來的保溫配件——阿富汗披肩，人們有時也會跟短大衣等正式服裝上搭配。

不羈的文化人們，暫時先到鄉下地方的奶奶家落腳一般，我們在都會的街頭，也能窺見人們對於那股純樸溫暖的憧憬，而它的輪廓如今是愈來愈清楚了。

就像取代圍巾而流行起來的保溫配件——阿富汗披肩（Afghan shawl）。

2002年1月，東京原宿的店家一天能夠賣出四、五十件呢。而瀏覽街頭的照片，也能看見人們在短大衣等正式服裝上搭配阿富汗披肩，可以說是一種流行的氛圍。

旁人若是對他們的服裝有所聯想，想到恐怖分子攻擊事件就覺得生氣，想到給予阿富汗經濟援助就覺得佩服，那就想太多了，樂於圍著阿富汗披肩的男性，純粹只是因為「新鮮感」而圍著。

米蘭的秋冬男裝就曾有類似的情況。

Gucci的時裝展主題為「回歸三○年代之正統」，大衣的內裡使用了貂或海狸的皮草，而帽子與鞋子則是茶色為基調，展現了鄉村土氣的另類優雅。其設計師是湯姆·福特（Tom Ford），語不驚

湯姆·福特（1962年～）：出生於美國德州，1990年加入Gucci女裝的設計團隊，1994年升任創意總監，與執行長多明尼哥·迪·索雷（Domenico de Sole）攜手將瀕臨破產的Gucci，打造為屈指可數的世界級名牌，他也因此成為時尚界的巨星。而自Gucci收購YSL後，他亦主導了左岸系列（rive gauche）的設計。但就在2004年4月，他忽然離開Gucci這個夢幻組合，由於他的外表十分俊美，當時甚至還傳出他要至好萊塢發展的消息。

人死不休的他曾經說過這樣一句話：

「地球上最瀟灑的男人（the chicest man on the planet）是阿富汗總統卡札伊（Hamid Karzai）。」

卡札伊被讚譽為「優雅且極具自信」，而他在正式場合的服裝是這樣的，以西裝（他曾經多次被人目擊前往羅馬的Armani購物）搭配阿富汗大衣、阿斯特拉罕（Astrakhan）帽（一種以羔羊皮草製成的圓筒型帽子），卡札伊的服裝融合了傳統的部落風與現代的時尚感，若是走上Gucci「質樸奢華」時裝展的伸展台，觀眾也不會覺得突兀吧。

其實這一切早在1997年就有所徵兆，愛馬仕在這年推出的圍巾上，繪有名為「奴巴山」（Nuba Mountain）的圖樣，而其藝術總監所要呈現的是蘇丹南部難民營中的戰爭孤兒。

這股恬淡卻極具自信的質樸風，以及對於拘謹優雅的端莊，所興起的憧憬與鄉愁逐漸成為主流，也許「質樸奢華」即將席捲整個市街。

認為這種風格十分「新鮮」的男性們，將其稱為「美麗的下流」，「dirty」除了為「滿是泥土的」意思之外，也含有「下流」的解釋。比起看得到卻吃不著的「性感」來說，開門見山的「下流」說不定更為潔淨，也更具魅力，因為這個詞毫無掩飾地傳達了現代的氛圍。

或許可以當作參考。

可愛的
Fancy or Kawaii

fancy【名詞】1. 一時的迷戀；2. 可愛；3. 想像、幻想、怪念頭；4. 鑑賞能力、鑑識；5. 賽馬中勝算很大的馬匹。

日本作家町山廣美在著書《口是心非——討厭啦，可是我喜歡》中，將成年男性穿著角色人物、動物圖案的毛衣或運動上衣這種行為，斷然地稱為「伯伯裝可愛」（Oyanshi）。

「這可能有兩種目的，『我穿這種衣服也很可愛吧』，期待著一種歸屬感，或者『透過擁有而獲得支配的快感』。與其說二擇一，不如說兩者之間有著微妙的融合」，真是一針見血呢。

當我們從電影《BJ單身日記》來作觀察，會發現英國上班族女性也一定不會認同「伯伯裝可

可愛的小飾品，可以讓生活少一點貧乏，多一點樂趣，營造熱鬧又愉快的生活空間。

愛」的這種行為，在電始一開始的宴會場景中，女主角布麗琪一眼望去，看到律師馬克・達西（Mark Darcy）的背影，暗自心想「也許他就是我的Mr. Right」，當她打算走向前去時，看見馬克身上穿的是一件小鹿圖案的毛衣，幻想便馬上破滅，「不，不是他」。

中年男子裝可愛實在很容易惹人討厭。可是，大家覺得「伯伯的可愛」怎麼樣呢？

「體操伯伯」這類的吉祥物人偶就是其中一個例子，不論社會如何變遷，他都會默默地不斷努力，這樣的伯伯好可愛呀，由這種概念衍生而出的「可愛伯伯」商品，受到大家的喜愛。

人們不喜歡「伯伯裝可愛」，卻喜歡「伯伯的可愛」，這可真是麻煩呀。

那麼，英語中的「可愛」（Fancy）到底是什麼意思？

「fancy」這個詞彙其實是「fantasy」（如夢般的幻想）的略稱；而「fantasy」與「phantom」（幽靈）的詞源相同，都是人們在腦海中憑空虛構的幻影。

而「fancy」有著「怦然心動」、「一瞬間的想法」等意思，因此，所謂的「可愛商品」

（fancy goods）就是將這些心動或想法具體化所製造出來的商品，所以中年男子變成可愛商品也不是什麼值得大驚小怪的事情。

日本目前除了「噁心的可愛」、「醜醜的可愛」，接下來登場的就是「伯伯的可愛」，「可愛」這個概念如同梅雨季時出現的霉斑，永無止境地攻占所有領域！

如果說支配歐美消費市場的最高水準是「酷」（cool），那麼，支配日本消費市場的應該就是「可愛」了吧！

這個現象在外國人眼中是一種奇觀，《紐約客》（New Yorker）在2002年3月刊載了一篇談論日本時尚文化的文章，題為〈消費反叛〉（Shopping Rebellion），麗蓓嘉‧米德（Rebecca Mead）在其中介紹了日語中的「可愛」。

而定居日本五十年以上的唐納‧瑞奇（Donald Richie）則是在2003年的著書《印象工廠》（The Image Factory: Fads & Fashions in Japan）中，以〈好可愛哦──可愛王國〉為題分析了「可愛」一詞，並談論角色人物商品氾濫（連銀行存摺上都能看到！），這種日本特有的「孩童文化」背景。

心型曲線在時尚的領域，總是立於經典代表的不敗之地，將可愛發揮到極致的時尚個性，是喜愛甜美風格的美女們一定不可錯過的精品。

米德表示「『可愛的』形象象徵著年輕

女性的獨立主張，為什麼這麼說？她們並不會全盤接受設計師的意見，而是隨性地觀察時下的流行，自由發揮個人的獨創性。」而這個概念不只能說明外在的形象，也可以應用於商品上吧。

也就是說，「可愛」隨處可見的誕生背景是，女性們將物品判斷為適合自己的隨性主張，伯伯吉祥物、噁心的商品、醜醜的商品……，這些商品的命運都掌握在具有購買力的女性手上，只要她們大叫「好可愛哦！」（＝好想要哦），馬上就會變身成消費社會的「神」。那種對於支配快感的慾望，就跟「伯伯裝可愛」一樣，或者有過之而無不及。

裝可愛的中年男子，喜歡可愛伯伯的女性，兩者簡直就是半斤八兩。

酷
Cool

cool【名詞】1. 涼爽、涼意；2. 冷靜、沉穩；3. 洗練、清雅不俗；4.清新；5.冷漠。

■　　■　　■

　　往後，我們將會討論到與布波族（BOBOS）這種中產階級（Bourgeois），與波希米亞（Bohemians）結合而成的消費文化，而已經開始對布波族的消費方式感到厭倦的「消費菁英」們，似乎已經著手下一步的行動。

　　在沒有招牌的商店購買沒有品牌、沒有商標的產品。松井在《纖研新聞》中表示，法國巴黎的《解放報》（Liberation）指出，這些透過匿名式消費滿足虛榮心（snobbism）的人們為「Nono」；他們採取的態度非「highbrow」（傾向知識份子的高級），亦非「lowbrow」（傾向下層階級的低俗），而是「nobrow」，這種消費族群也在英國的媒體中成為話題。就市場將消費者範圍縮小的意涵來

看，既不然歸類於highbrow，也不能說是lowbrow的這群消費者，自既有的市場原理中完全跳脫出來，並希望藉由這種跳脫重新定位，才被稱為「nobrow」。

消費菁英們若是與大眾路線整齊劃一，也許就無法維持目前的優越，筆者對此十分感興趣，而《酷派當家》（*Cool Rules*）這本書就是在談這些消費菁英們的行動，並提供了從歷史角度觀察到的關鍵字。

那就是──「酷」。

文藝復興時期義大利貴族們的雍容、英國貴族們的含蓄或花花公子風，不論是哪一種風格，都是擁有特權的富裕階層用來與平民有別的，這顯示了菁英們高傲的排他態度，而該書的著者們直指他們的內心就是一個「酷」字，「酷」就是他們拿來維持優勢的「最新武器」。這不也就可以拿來說明BOBOS與Nono嗎？

「酷」就是與主流價值觀保持距離的態度。

筆者在此簡單地介紹一下它的起源，「酷」在心理層面的意義，指的是奴隸制度下黑人們內心的防衛機制，也可以用來解釋時下年輕人們內心的防衛機制。他們對於總是對現代社會感到不滿而鬱鬱寡歡，換句話說，「酷」是為了不經歷屈辱或挫折感，而與主流價值觀保持距離的態度。

身為「防守武器」的「酷」，同時也是特權階級的「最新武器」，這表示不論「菁英份子」還是「劣等生」，都希望能與主流意識保持距離嗎？還是兩者都具有自戀、冷漠、快樂主義等特徵？

　　現今的日本對於主流價值觀的信心已經動搖許久，「現代人已經不期待自己成為一個善良的人，而是希望自己可以很酷」，這樣的世界正快速膨脹，身處其中，對於擇善固執的事物是否也該變得冷酷呢？

　　期待與主流意識有所分別的「酷」永無安住之地，反言之，它所期待的目的地原本就是名為「永遠」的地方。Nono族們無視幸福與否的價值體系，一直邁向下個目標的行為看似放蕩不羈，而他們卻又像是在修行者的道路上亦步亦趨。

　　《酷派當家》一書的原書封面是詹姆士‧迪恩（James Dean）的照片，那纖細而隱藏內心所有情感的表情，不，應該說是面無表情，我想最適合他的稱讚詞也只有「酷」了吧！「瀟灑」、「迷人」、「性感」等其他形容詞都無法與「酷」相提並論。目前，「酷」打敗了所有道德價值與審美觀，成為最重要的評斷依據，支配著整個消費社會，為了表示自己確實「體認」到了這件事，我們也只能說「好酷」了吧，就像美國電影中所呈現的，在美國，隨處都能聽到人們以「Cool」代替回答的聲音，就語言來說，這種情況可是一點都不酷啊……。

由於波希米亞人行走世界，服飾自然就混雜了所經之地各民族的影子，例如刺繡、流蘇與串珠的組合，這種「異域」感正符合了當代時裝把各種元素「混搭」的潮流。

瀟灑的
Chic

chic【名詞】1.使人或事物帶有高尚；2.別緻氛圍的風格；
3.高雅；4.有特色。

　　每當時尚雜誌或櫥窗換上新裝的時候，最常被用來解說當季服裝的一個詞彙就是「瀟灑」。

　　僅僅只是使用了如秋天般穩重的顏色，這真的能夠稱作「瀟灑」嗎？其實，像這種隨性的用法也不在少數，接下來，讓我們先介紹一下它的定義吧。

　　「指的是在恰到好處的高尚氛圍中，展現洗練的視覺感受。此外，絕不會使旁人覺得這只是無意義的奢侈，或者是感到很廉價，可以說是一種理性的敏銳。」（節錄自《新‧田中千代服飾事典》）

　　原來如此，雖然「理性的敏銳」有些排他性的味道，這應該是因為法語中「chic」的語源是動詞「chiquer」，而「chiquer」的意

思除了「打理外表」之外，還有「虛張聲勢、道貌岸然」的涵義。

　　虛張聲勢、岸然道貌？為了什麼呢？

　　也許天生隨性的法國人不會好好說明，但若是英國人，依照他們不眼見為憑並詳加紀錄就無法死心的個性，應該會給我們一個滿意的答案吧。因此，筆者趕緊翻閱了《牛津辭典》。果然沒錯！1856年，法語的「chic」進入英語圈，而小說家是這樣描述這件事情的。

　　「法國有一個語彙叫為『chic』，使用者藉此說明自己擁有一定程度的財產，而用來形容物品時，也就表示這比其他眾多贗品來得優質。」

　　也就是說，這是富裕階層用來區別與自己不同等級的人們，一種虛張聲勢、道貌岸然的瀟灑吧！

　　這讓筆者想起八〇年代蔚為話題的雅痞（BCBG，Bon Chic Bons Gens的略稱），他們以喀什米爾羊毛、洛登外套（loden coat）與愛馬仕圍巾等詮釋了「瀟灑」風格，亦展現了繼承傳統非我莫屬的立場。此外，這同時也是為了與喜好流行品牌，名為「minette」的新興階層有所區分，BCBG難道也繼承了「戰略式莊重的瀟灑」嗎？

　　2003年秋冬，高級時裝眾品牌的主題為「搖滾時尚」（Rock Chic），以「瀟灑」來詮釋搖滾樂帶給人們那種硬派的不良印象。電子吉他的背帶成了香奈兒高級皮革製成的斜背包肩帶，而七〇年代搖滾樂者那種迷幻的視覺系襯衫，也變身成為Miu Miu的晚禮服。

　　原來如此，以往反體制的少數者，也有可能與貴婦們有所關連。將「Rock Chic」這樣的狀況向搖滾樂通柴田元幸先生說明之後，柴田先生表示「這不是成了『Rock Sick』嗎？」

　　瀟灑也許會用來形容外表，但也有可能用來形容對於外表毫不重視的態度，舉例來說，日本人在形容毫無社交概念的電腦御宅族時，會說「怪胎瀟灑」（geek chic），（請大家想像一下日本東京秋葉原特有的「秋葉原系御宅族」）。而「圖書館員瀟灑」（librarian chic）指的是圖書館員服裝給人的刻板印象，像是起了毛球的毛衣或者幾乎都要磨平的燈芯絨褲，請大家忍著不要說他們「俗氣！」。其實我們反而應該帶點揶揄的成份，對他們的勇氣表示敬意，不過這的確可以說是一種「瀟灑」吧。此外，日本還有很多例子，像是「老師瀟灑」、「駒場東大學生瀟灑」、「假日父親瀟灑」等……還真是不可思議呢，再這樣下去，「瀟灑」系列就快成為獨樹一格了。

　　這個風潮使人忍不住想將所有的人事物都冠上「瀟灑」二字，甚至出現了名為「瀟灑主義」（chicism）的香水。

和風
Japonism

Japonism 【名詞】1.日本特有之特徵、事物、日本風格；2.喜愛日本者、日本品味。

■　　■　　■

　　日本的學校在教授英語時，都會稱日本蜜柑為「orange」，但筆者有很長一段時間不斷地比較兩者的味道，並且打從心底認為「蜜柑與orange根本就不一樣啊」。

　　也許那是因為英語圈根本沒有日本蜜柑吧，正當筆者這麼想的時候，竟然在英國超市看見成堆類似日本蜜柑的橘子，哇，真是感動，而牌子上寫著的英語是「satsuma」（薩摩）。

　　筆者調查後發現，英語辭典中也詳實地記載了這個項目，「satsuma」指的是由日本鹿兒島薩摩移植而來的日本溫州蜜柑，而《牛津辭典》標明歐洲是自1882年開始使用這個詞彙。

　　1880年前後，歐洲吹起一陣陣日本的狂

以和服布料製成洋裝，或是在洋裝布料上描繪花鳥風月或家徽等花紋的服裝設計，引動了一陣陣時尚和風熱。

風，充滿日本主義的藝術作品有莫內的《日本女人》（1876年，*La Japonaise*），或者是吉伯特・歐蘇利文（Gilbert O'Sullivan）的輕歌劇《日本天皇》（*The Mikado*，1885）等都非常有名。而當時的服飾也深受日本影響，像是以和服布料製成洋裝，或是在洋裝布料上描繪花鳥風月或家徽等花紋，或是以薩摩燒陶器燒製「薩摩」牡丹……而日語中的和服「kimono」在當時也是被定位為室內服裝。當時流行的日本主義，是為西方美學帶來新鮮感的異國風趣。

在那之後，日本當地亦能感受到一陣一陣迎面而來的日本風。2003年春夏，日本風更是在時裝界掀起波瀾萬丈，像是Gucci的和服長袍、有著花鳥風月圖紋的迷你洋裝、Nina Ricci的和服式洋裝等，許多名牌都將和風與洋裝大膽地融合在一起，加上LV與村上隆的合作、Heatherette使用Hello Kitty圖案，廣義來說，這些都可以稱為新日本主義吧！

在時尚界引起話題的新日本主義，與近幾年日本國內的和風熱潮，雖然或有重疊，但筆者還是認為這兩者就像蜜柑與柳丁，就是有這麼一丁點的不同。

若說日本的和風熱潮追求一種心靈上的撫慰，那

麼，歐美的日本主義則流行著大膽的裝飾
性。目前，時尚界整體都傾向流行大量
的裝飾，也因為這樣，日本風格中那
種具獨創性的奢華裝飾才掀起風潮，
就像牌子上明明標示著日本蜜柑，
但嚐起來卻像是橘子的味道，而筆
者在英國品嚐的「薩摩」就是這種感
覺。

　　無論是哪種和風，都因為與真正的
日本生活有段距離，才能物以稀為貴吧！

不要以為日式和布看起來會很樸素，其實只要巧妙的運用與組合，再加上顏色的豐富搭配，就可以散發出和風花紋特有的雅致氣息。

未來的
Futuristic

futurism【名詞】1.主張「逝者已矣，來者可追」，與其
執著於過去與現在，不如探討未來之想法；2.未來主義。

2003年春夏的潮流主題是「未來」（future），未來指的是包含
金屬般的發光素材、幾何學的花紋、中空、螢光色、乳膠等帶有人
工、無機印象的要素。

　　一般當我們講到未來，指的當然是尚未到來的時光，但這裡的
未來，指的卻是六〇年代的人們想像的未來，也就是說在過去描繪
的未來形象再次復甦，使人們回歸懷舊的未來印象，我們稱此為
「復古未來主義」（retro-futurism），就好像原子小金剛重返舞台。

　　再次評價（或者應該說再次利用？）復古未來主義源頭的「復
古未來派」代表，有以下三位設計師。

　　使用乙烯基素材與幾何學線條打造宇宙印象的前飛行員──安德

魯‧柯瑞奇（Andre Courreges）。以太空裝為基本概念設計服裝、安全帽，打造「太空年代」（space age）的皮爾‧卡登（Pierre Cardin）。手持鉗子代替針線，設計出大量使用金屬板、鎖頭、塑膠等硬質無機素材的盔甲風服裝，風靡一時的帕可‧拉巴奈（Paco Rabanne）。

　　而春夏服裝中，LV與胡辛‧恰拉揚（Hussein Chalayan）採用了幾何中空的服裝；而D&G與Prada則是在服裝上活用了發光素材；而FENDI更推出乍看之下會誤認為是金屬鱗片的服裝。這些設計都是從六〇年代未來派巨匠身上得到的靈感，將當時人們踏出宇宙旅行第一步的激動與熱情，完完全全地表現出來，雖說是宇宙風，但卻具有傳統溫暖，這就是復古未來主義的特色。

　　話雖如此，但我們並沒有經歷過那樣的時代，為什麼會有「懷念」之情油然而生呢？筆者認者這是因為那些印象經由電影與書已深植人心，道格拉斯‧柯普蘭（Douglas Coupland）在《X世代》（1992年，*Generation X*）中，稱「強行輸入原本不存

穿著帶有未來感服飾的我們，會不會到了將來就和外星人一樣，看似不用再穿衣服了呢？

在的記憶」為「法定的鄉愁」（legislated nostalgia），這個不具真實感的懷舊情懷也就是因為這樣才產生的吧。

如果我們帶著負面評價的眼光綜觀皮爾‧卡登的作品，會覺得好像看到了「埴輪」（haniwa，日本古時候用來裝飾墳墓的一種圓形陶製品）。這樣說來，難道大家看到帕可‧拉巴奈的盔甲風服裝時，不會想起古埃及的遺跡嗎？六〇年代描繪的宇宙印象，也許是更久以前人類的美感意識。

未來的另一端就是原始，而「宇宙的」（futuristic）也許是種時間上的概念。

某某年代風
Mixed Decades

decade【名詞】1.十年；2.～年代；3.～世代。

■　　　　■　　　　■

　　　　事實上，對於必須不斷地向前再向前的時尚來說，過去才是最為寶貴的資源。

　　讓我們舉幾個使2003年秋冬更為多采多姿的例子吧。像是「三、四〇年代女明星的魅力」、「五〇年代淑女風」、「六〇年代通俗文化」（pop）、「七〇年代嬉皮」（hip）、「八〇年代奢華路線」……，我們不斷重覆地在時尚界看見這些二十世紀的時尚特徵。而百貨公司裡那些人體模特兒也是，她們身上穿的有可能是六〇年代太空風格的超短迷你洋裝，搭配上一雙八〇搖滾年代閃閃發光的鞋子，再拿著五〇年代淑女們喜好的手提包。

　　我們稱這種風格為「年代混搭」（decades mix），將各個年代的特徵收集起來、彙整之後再加以編輯，成為今年流行的主題，就像是資源再

哥德風格今日在時尚界的應用，分成灰暗頹廢的
吸血哥德以及參雜維多利亞式的浪漫哥德，使
陰鬱的哥德風增添了性感的時尚魅力。

利用（recycling）的概念。

　　而設計師們的靈感來源並不侷限於20世紀，
「中世紀盔甲風馬甲」、「古代女神般的禮服」、「哥德式配件」等，
應有盡有。目前被視為「五〇年代淑女風」範本的迪奧（Dior）風
格，其實就是將20世紀初期的風格再度復甦，也就是說，現在我們
看到的五〇年代印象，其實是再生品的再生品了。

　　也就是說，過去陸陸續續登場的各種樣式，錯綜在「現在」的
舞台上摩肩接踵。

　　曾經，英國的維多利亞時代也善於使五花八門的
復古樣式階段性復興或並存。

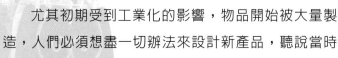

　　尤其初期受到工業化的影響，物品開始被大量製
造，人們必須想盡一切辦法來設計新產品，聽說當時
的靈感來源其實就是復古的樣式。雖然「維多利亞樣式」使過去紛
雜的設計渾然一體，但根據岩田託子女士收錄於
《名為「室內」的英國小說》中的論文，其實有很
多重生的風格都欠缺了點正確性，例如說當時十分
流行的「安妮女王樣式」（Queen Anne style），

「雖然連根本定義都充滿了誤解，但在人們的心中，『安妮女王樣式』還是確實存在」。

　　因此，我們可以說維多利亞時代擅長的是不問過去的回收術，而當我們現在說「有種六○年代的感覺呢」，其實也是以同一種思維模式為出發點。

　　要開開心心地使用二手商品，其實有個訣竅，那就是不要過於深究以往物主的事情，看來，時尚亦然。

Chapter 05

解讀現代時尚的法則

時尚的最高指導原則就是「沒有規則」，
一旦套上了規則，就不再是創新與流行。
時尚，就是不斷地突破既有的窠臼，
在歷史中找源流，在復古中找靈感，在混搭中找風格，
加上你的無限創意，
就能撰寫屬於自己的時尚方程式！

充滿驚奇的失誤背後：從錯配到混搭
From Mismatch to Assemblage

始作俑者應該是「草莓大福」吧？鯖魚咖哩搭配納豆土司、炸豬排咖哩飯加上蘋果奶油……。

這正是藉由乍看之下不甚諧調的組合締造出人意表效果的「錯配」（mismatch）手法。原本有著「門不當戶不對」意味的「錯配」，用在招募人才的企業和求職者之間，通常帶有一種不會發生什麼好結果的否定式語感。然而，用來描述食材如何搭配運用時，就似乎就不那麼適合了。

這一點，人們先入為主的觀念相當強烈。雖然到頭來也有成為曇花一現的流行食品的情形，但是當那種顛覆既有概念的美味誕生時，會帶來莫大的感動和話題性，因此，作為一種全新的味覺突破，食材的錯配是可以被完全接受的。

在時尚的領域裡，也一直有相同的情形在上演。錯配手法開始被積極使用，應該是源自於1984年的米蘭時裝展吧！當時，因為衣

著的刻板印象被打破了，所以提出新的活力美的設計師們備受大眾所矚目。

不過話說回來，錯配造成的驚奇感，也只有在剛開始推出時的前幾回合，發揮出效果而已。不論是絲綢罩衫搭配牛仔褲的組合也好、在女警官制服上開幾道深長的裂縫這種創意變化也好，都僅僅只是在推出的當時，因為那種不協調產生的新鮮感，而大受注目，但是最後也終究在「就這樣？」的問句中收場了。所謂錯配這種手法，到頭來逐漸也變成一種公式化了。

不過，因此暫時沉寂了一陣子的錯配手法，如果就這樣被埋沒，那也未免太過可惜了。即便是相同的手法，只要以新的辭彙替換一下，就能夠不斷地延續下去。所以，幫最原始的「錯配」做版本升級的魔術語彙出現了。

那正是「混搭」（assemblage）。

所謂的「混搭」，就是把各種異質的元素集結在一起。近幾年相當盛行不同產業之間的異業結盟。斜紋粗棉布加上毛皮、皮革加上蕾絲這類異素材的組合蔚為流行。在2003年春夏的各地時裝展中，也可以得見「可愛的怪異」、「懷念的未來」、「清新的濃艷」之類，把相互矛盾的概念並列在一起的主題。或許可以說是深受往昔「錯配風」影響的這種現象，全部都被稱為「混搭」。

「混搭」的目的與「錯配」相同，是以創造

「哥德蘿莉」就是「哥德式・蘿莉塔」。「哥德式」意指中世紀歐洲藝術風格，「蘿莉塔」則是帶有媚惑氣息的美少女，「哥德式・蘿莉塔」簡言之就是一種黑暗華麗風。

出人意表的新奇組合，達到令人眼睛一亮的奇妙成果，不過這個目標也開始被人以另一個悅耳的辭彙稱呼，那便是「意外的驚喜」（serendipity）。

這個字彙原本指的是「意外發現珍奇事物的本領」。根據《牛津英語辭典》記載，這是十八世紀作家賀瑞斯・華爾渥帕爾（Horace Walpole）所創造的辭彙。據說他替〈會製造驚奇（斯里蘭卡）的三王子〉這篇寓言故事中，主角們所擁有的「發現出乎意料事物的能力」，命名為「serendipity」。

就劃時代的重大發現來看，眾所皆知的，意外驚喜常常伴隨著失誤出現，造成預期不到的結果，而這類情況並不算少。

據說榮獲諾貝爾化學獎的田中耕一先生，就是因為「不小心」把甘油滴到鈷的粉末中，引起化學變化，才獲得重大發現的。近代橡膠之父查理斯・固特異（Charles Goodyear）發明的硬橡膠也是因為橡膠「不小心」掉到火爐上這個「意外事故」而獲致的結果。

與科學大發現如出一轍，驚喜是藉由挑剔自己的失誤而創造出來的。時尚界中之所以會出現「混搭風」，一開始也可以說是為了獲取這種驚奇。

因此，雖然到處都有看起來毫無用處的「混搭」嘗試，不過當

中也不乏幸運的成功案例。「哥德蘿莉」（Gothic & Lolita）就是其中一例。所謂「哥德式‧蘿莉塔」，指的正是將「哥德式」和「蘿莉塔」這兩種乍看毫無關聯的風格，組合在一起而創造出來的時尚。

哥德式指的雖然是中世紀歐洲的一種美術樣式，不過這裡借用的是它在文學上所延伸出來「陰氣森森的黑暗世界、玫瑰和十字架、幢幢的人影」這種具體的特徵。

另一部分「蘿莉塔」，雖然意指嬌媚的少女趣味，但是在作品中呈現出來的卻是其語意中「明亮的白色或粉色系、氾濫地使用蕾絲、頭巾加上長筒襪」所透漏的這些細節。

「哥德蘿莉」正是一種把兩個全然對立的作風絕妙地合而為一、為了創造新的美學境界而嘗試出來的時尚風格。

將這個混搭導向成功之路的重要因素之一，是它的命名方式。請唸唸看——「Go-thic & Lo-li-ta」。

可愛的外表、詭譎怪異的名字，以及令人毛骨悚然的音調。如此這般，名字體現了本質，豈不是取得相當貼切嗎？

在虛幻與真實之間尋求自我的哥德蘿莉裝扮，在強調黑暗面的同時亦著重在表現「身為少女」的這個基礎上，注入叛逆色彩強烈的黑色龐克風，將人帶往頹廢、又極具個人風格的耽美世界！

這種「毛骨悚然」的感覺好像具有傳染性似的。據說隨著1998年雜誌《KERA！》創刊，而首度被發表的「哥德蘿莉」，2001年即快速席捲工廠、店舖與媒體，甚至還有愛好者成立了「哥德式‧蘿莉塔協會」（GLA），成長也非常迅速。在東京原宿舉行的哥德蘿莉萬博會，根據新聞報導，只要當曾在「聖典」《KERA！》中登場過令人崇拜的「聖人」（真人模特兒扮的）一出場，如禱告般的歡呼聲立刻充斥了全場。

這種宗教般的儀式，當然是出自於「哥德蘿莉」的元素之一——惡魔教和黑魔術的印象，或許也可以說是一種天真無邪的「宗教遊戲」。然而，不論是遵守「聖典」中所制定的戒律、或是崇拜「聖人」這類趨近於宗教的行為，大概都和因為擁有製造驚奇的能力而感到自負的哥德蘿莉族的特權意識，或是這些行為所帶來的心靈安定（縱使那只是暫時的心理作用）毫無關係吧！

我突然間想起湯瑪斯‧卡萊爾（Thomas Carlyle）曾經在其著作《衣裝哲學》中，把當時代的趨時髦現象比喻成一種宗教。他說所謂「上流教」的「聖典」是社交界小說，會員制的俱樂部「歐爾馬克斯」則是「聖殿」。乍看之下，似乎全然不相容的時尚和宗教被聯想在一起，大概也算是個「錯配」吧！

拒絕被輕易判定美醜的雙搭
Anit Labeling

薄薄的雪紡綢一件式洋裝搭配軍裝式樣的夾克、輕飄飄的蕾絲罩衫配上黑色皮外套這類的組合，看得出來是「剛與柔」這個主題的穿著運用。那是分別強化男性化的元素和女性化的元素，使兩者共存的一種風格。

這樣的嘗試被稱之為「雙刃」（double edge），並且相當受到矚目。「刃」是刀子的刀口部分，「雙刃」即是指兩邊的刀刃。而之所以叫做雙刃風格，是因為作品中男性化元素和女性化元素，都非常銳利。

那麼，東京街頭中零星可見的「雙搭」又是怎麼一回事呢？那是裙子和窄管褲一起搭著穿的調和式（coordinate）穿法，也不能說那不算是一種符合理論的「剛與柔」。然而親眼目睹時，總是覺得看起來不太對。

究竟是哪裡怪怪的呢？

　　搜尋以往有過的類似搭法，就不禁覺得還真像「陶俑」（亦稱為「明器」，是古代的陪葬品）。唉呀！果然就在最近，這也成了論戰的主題，其名稱就叫做「陶俑論戰」。

　　作為所爭論對象的「陶俑扮相」，指的乃是在氣候嚴寒的北海道，女高中生和中學生們總會在制服短裙裡面穿上運動長褲的這種裝扮。主張「很難看所以不准這麼穿」而持反對意見的學校這一方，以及表示「請認同我們是為了保暖而這麼穿的」而持贊成意見的學生與母親這一方之間，從2001年開始，就展開了論戰。

　　「啊！原來奇怪的地方就在這裡呀！」讓我恍然大悟的，原來就是贊成這一種說詞──「一做『陶俑』的打扮，等公車時，任誰也不會過來搭訕。這可是女孩子防身的智慧。」

　　原來如此。和以表現兼具兩性特質的「雌雄同體」為目標的「雙刃」相反，「雙搭」是一種無性別之分的「不討好」演出。

　　雙搭的裝扮看起來並不賞心悅目，相反的，甚至會讓人感到恐怖。但是，因為刻意不討好，與其說它帶有「雙面刀刃的劍」的意思，倒不如說它反而也帶有「請看看不矯柔造作的我」的討好意味會更為精確吧！

　　抱持著這樣的感想經過不到半年，「雙搭」也一步一腳印地進化，以「多層次混搭風」（layered style）躍上流行服飾界的主流了。「層次」（Layer）是層層疊疊的意思。這種風格除了由底部往上一件件疊上去之外，像是在長袖罩衫上面套一件短袖毛衣。這種將好幾個總類的衣服疊成一層一層的穿法，也可以見得到。

　　然而，當「多層次」普遍被視為是一種「可愛女生」的穿著打扮時，做其始祖「雙搭穿法」打扮的女孩子們，又代表著怎樣的時尚呢？想必其中的差異是判然兩分的吧！

　　觀察樂於當前衛少數派的澀谷、原宿的女孩子們時，發現多層次的確是多層次沒錯，不過有那麼一瞬間，卻也因為太過突兀醒目而大吃了一驚。

女生的迷你短裙一直是受歡迎的流行單品，裙子搭褲子的風潮是從日本開始，營造流行、多層次的搭配風格。

　　「大吃一驚」的原因，是懷念的「Puma」的Logo和「Adidas」那三條線。她們層層套上差不多三十年前左右流行過的運動品牌汗衫，搭配著個性化的髮型。偏巧趕上流行的運動風潮的打扮，怎麼看怎麼怪。

　　這樣的感覺該怎麼形容呢？正當我感到百思不得其解時，驚見了韋斯・安德森（Wes Anderson）導的電影《天才一族》（Royal Tenenbaums）。那正好與飾演女主角瑪歌的葛妮絲・派特羅的扮相，散發著同樣的味道。

　　作為一個早慧的劇作家而受到矚目，並且因「前途看好」而大受讚揚的女主角，穿著令人懷念的運動名牌Lacoste's（如今推出的款式又更新穎，而且再度流行起來了）POLO衫，搭配Fendi的皮草，眼睛下方畫著又黑又粗的眼線，看起來總是面無表情。那是拒絕世人輕易判別她美醜的裝扮。

　　在這部電影場景中大量出現的〈犯錯的藝術〉（劣馬風格的畫）也是拒絕以既定的標準判斷優劣的畫，而電影本身說起來也正是拒絕被隨便以好不好笑判定好壞的喜劇作品。

　　澀谷、原宿系的休閒多層次風，散發出來的味道，正是這種風格的延伸。拒絕被輕易判定為純粹的「可愛」，那似乎是在流行管轄的領域之外，還擁有著某些主張的打扮風格。

　　不管是近年來逐漸增加的「噁心得可愛」（會惹得人心情不好）的人物和「醜得可愛」（因為太醜而使人無法移開視線）的塗鴉，總而言之都有著相似的味道。那是種明明沒有刀刃卻非常鋒利的感覺。就像是《愛麗絲夢遊仙境》裡那隻只會笑的貓，消失得無影無蹤後，只留下一抹陰森森的冷笑。

　　表現著那種情緒的真實人類，正一個接著一個的出現呢！

出乎意料的穿法
Misuse and Diversion

吊帶一直相當受歡迎。

雖然原先是用來懸吊褲頭的，不過當它成為一種新穎的流行款式後，年輕女性們都非常喜歡購買。她們並不是買來吊在褲子上，而是買來垂掛在腰間。如今已經取代了寬版腰帶，成為褲裝的另一個流行重點。而隨興垂掛在腰間的吊帶，雖然被當作是一種「打破成規」的龐克風格符號，不過對二十一世紀的女性而言，卻也不算是什麼「踰矩」的氣魄。

原本擔負著懸吊褲頭功能的吊帶，是在1787年左右的英國誕生於男性服飾的範疇中。如今，負責替褲子定位的工作主要都委託給腰帶了，而吊帶登場的時機，大約都只在著正式服裝的時候吧！然而越往褲頭褲形越窄的早安條紋褲這一類的褲子，如果繫腰帶的話，縫線會很容易崩開，所以吊帶是不可或缺的配件。

當然，即使不是要參加正式場合，時髦的男士當中，似乎也有

吊帶起源是在1787年左右的英國，原本擔負著懸吊褲頭，被腰帶取代固定褲子的功能之後，吊帶大多於正式的服裝才會看到。

不少平時就很喜歡用吊帶的。他們往往稱呼這種小配件為「braces」（英式吊帶），而「suspenders」（吊帶）是美式英語。但說起英式英語中的「suspenders」，指的則是女用高筒襪的吊襪帶。

這種吊襪帶，最近又再度恢復人氣。於大腿部份附有大片蕾絲的左右兩隻高筒襪上，繫上吊襪束腰帶這種古典的內衣時尚，在賣場的展示架上格外引人注目。

所以說，不論是美式英語中的「suspenders」（吊褲帶）也好、英式英語中的「suspenders」（吊襪帶）也好，原義都是相同的，都是「把東西懸吊起來的道具」。而提起所謂的「驚悚劇場」（suspenders drama），那是一種結局不可預知、給予觀眾懸疑緊張感的電視劇類型。

觀察帶動起吊帶時尚的女性們，會發現戴著無邊帽這類配件的她們，一言以蔽之，就是感覺很男孩子氣。然而即便如此，當她們走起路來時，在臀部周圍晃動著的吊帶，又會產生情色的印象（或許是因為這個效果給人的感覺不錯，所以連皮夾鏈也流行起來了）。「那到底是男人，還是女人呢？」因為有給看到的人吊胃口的意思，所以吊帶這種「犯規的」使用方法，或許出乎意料地相當正確。

而最常被用來和這種男用吊褲帶搭著穿的服飾，是男用背心。

據說即使是在東京原宿的二手衣店裡，「老氣的」背心也空前地暢銷。從前作為三件式西裝一部分的背心，要是和T恤或斜紋粗棉布襯衫一起搭著穿，再配上徽章作裝飾，就會變成頗具「新鮮趣味」的服裝了！背心雖說是單品，卻也能有這種令人意外的搭配穿法。

如今已不被西裝族當一回事的男用背心，實際上當初可是催生所謂「西裝」這一系列男性服飾的跨時代性服裝呢！

時間是1666年。男用背心大為流行之後，英國倫敦遭到了祝融肆虐。「這是上天對奢靡的宮廷所作的懲罰」這一類的謠言滿天飛，決心挽救宮廷形象的英王查理二世首先從服飾穿著方面著手，提出以下的「服裝改革宣言」：

「我決定採用新式的服裝，而這些服裝不會再改樣式了。」

隨著此宣言的發布，國王捨棄了變化多端、令人眼花撩亂的奢華法式禮服，換上沉穩的波斯服飾。這批新式服裝正是所謂的「背心」（vest）。這是穿在大衣（外衣）裡面，附有長長袖子的衣服，雖然和今日的背心模樣全然不同，不過當時所採用的服裝組合，亦即「上衣＋背心＋褲子＋領帶」的搭配，無非成了西裝系統的起源，並且沿用至今。

秋冬男裝永遠的 total look ─ 三件式西裝。所謂的三件式，就是西裝外套、長褲以及西裝背心，以同塊布料、同款花色設計的組合。

　　話說，查理二世雖然是以「教貴族儉約的服裝」為名而引進背心的，但對他充滿著對抗意識的法王路易十四，卻批評這「只不過是給下人穿的」，用以表示自己對英國的輕蔑。然而轉瞬間，背心卻在歐洲貴族之間普及起來了，不得不屈服於流行的路易十四也訂做了一件鑲了多達八百一十六顆寶石的背心。這並非以儉樸為目的，而是被當成奢侈品來穿的意外穿法，使得背心以時尚領導者的面貌被保存了下來。

　　十分諷刺的是，之後即便是在英國，背心也以「男性服飾中最具裝飾性的配件」為發展方向，到了現代，被當作是西裝的一部分來穿之後，成為在正式場合穿或是給特權階級穿的「西裝背心」（背心的一種變化）的情形也很多。不但在結婚典禮中常常可以見得到漂亮的花式背心，而且聽說公學校中的名門「伊頓公學」裡的辯論社菁英們，個個都擁有穿西裝背心的特權。

　　這也就是說，男用背心之所以得以在現代存活，是因為脫離了原本的目的，被「出乎意料的穿法」給拯救了。

　　在休閒化的洪流中，變得零零星星的西裝背心亦復如此。

「衛生」的真相
Cleanliness

使用了十五年的洗衣機終於壞掉了，所以決定買台新的。相同價位的洗衣機每一台都打出自己獨特的高功能，要選出其中之一實在是很困難。猶豫良久之後，我買的是擁有「除菌功能」的產品。

最近總覺得對這方面有點沒抵抗力。就連買實用性的衣服時，也會挑選添加負離子、維生素、甲殼素，或者備長炭和銀、採用具有「抗菌、防臭」功能的纖維製作的產品。

搜尋看看究竟歷史上，是否曾經出現過強調這些功能的纖維時，竟發現「羊毛」就是一種。

羊毛雖然是一種天然纖維，但在十九世紀後半葉，就曾被當作擁有能增進健康、防菌等等高功能的纖維來作為宣傳重點，並且還普及起來。

提出這個論調的是德國的古斯塔夫・積家（Gustav Jäeger）博士。他在1870年以「健康文化」為主題的論文中，發表了這樣的

於1964年設計了由三個毛線團組成的「純羊毛標誌」，凡純羊毛製品達到諸如強力、色牢度、耐磨、可洗性等品質要求，則可使用「純羊毛標誌」，此標誌如今已成為國際市場上聞名的紡織標誌。

宣傳標語：「聰明的人選擇羊毛。」

博士提倡「未染過色的羊毛是上等的高功能纖維」這個說法。他一方面推廣羊毛可以保溫、促進皮膚的呼吸、使血液循環良好，防止霍亂、傷寒、赤痢等等疾病帶原菌入侵的優點，另一方面認為棉料、麻料這類的植物纖維，即使是用來做皮包的內裡都不適合。

積家博士的理論在德國引起了羊毛熱潮。注意到這個現象的英國商人路易斯・湯馬林（Lewis Tomalin），取得了積家博士的羊毛內衣在英國的獨賣權，1883年在倫敦成立了Jaeger這個品牌，開始販售「衛生衣」。1884年，Jaeger出品的羊毛內衣，在「國際健康博覽會」獲得了金牌獎，並因此造成羊毛內衣在全北歐引起一陣大流行。

而這股羊毛熱潮的背後，有些什麼呢？

實際上「衛生」（sanitary）這個概念登場是1842年左右的事情。正因為在那之前，一股新的不安來拜訪還沒有「衛生」這個觀念的人們，所謂「衛生衣」這個概念，才會被視為是一種有利的商機。其證據就是在「衛生」這個概念的新鮮感消失了的1933年，

Jaeger察覺了「如今人們已開始覺得衛生衣料很醜」這個事實，而將主力商品打入冷宮，開始販賣用博士最嫌棄的植物纖維和合成纖維所做成的衣服。

不管怎麼說，對十九世紀的「衛生」有反應的人們，與對現代的「除菌、抗菌」有反應的人們一樣，都是志同道合的同類。

不好意思，有飯前不洗手的壞習慣，卻買了具有除菌功能的洗衣機的人，不應該嘲笑這一類謹守著博士教導的「衛生」觀念——「請不要穿著六個星期、甚至八個星期，都沒洗過的同一件襯衫」的人們。

直接了當不如含糊其詞
Euphemism Magic

一片雲也沒有的朗朗秋日晴空很美。不只是天空，只要是澄澈、清楚的事物都會讓人心情舒暢。然而，在人世間的重要大事當中，有時候無論如何都不能太過於清楚明白。

比如說在鄭重其事的宴席中，不得不去廁所的時候。雖然即使是說「我去一下洗手間」後離席，也並不算是特別違反了禮貌，不過也有認為留下「要出去看一下螢火蟲」（很老氣嗎？）這類含糊其詞的曖昧說詞再離席，比較不會壞了他人興致的看法。

避開直接說法的迂迴表現方式，稱之為「委婉語法」，英語是「euphemism」。

在服飾的世界裡，「婉轉說法」也大量被使用著。在有很多禁忌的十九世紀裡，甚至連男性的褲子也適用於此。他們用帶有「嘴裡不能說的事」意味的「unmentionables」來稱呼內衣褲。而女性的內衣也同樣這麼說。

在寒冬中，皮草配飾是不可或缺的單
品，也是極受仕女寵愛的高雅款式，
隨意搭配，便能展現屬於大都會
的時尚氣質。

即使是在禁忌越來越少的現代，某些地方還是存在著會令人覺得劣等的東西，例如高級素材的仿造品，像是人造寶石或模造鑽石、合成皮革、仿毛皮等等。

雖然說採用直接了當表現仿造品的形容詞「假」（fake）來稱呼、清楚明瞭地表明是「假皮革」（fake leather）、「假毛皮」（fake fur）也無所謂，但是總覺得那樣帶有擺脫不了的欺騙感。因此，為了拂拭因為是仿造品而產生的心虛感所發展出來，用以讓所謂正品的贗品，以別品新素材的面貌亮相的祕訣，正是「婉轉說法」。

像是人造寶石叫「戲裝珠寶」，模造鑽石叫做「閃亮飾品」，人工皮革稱之為「環保皮革」，而假毛皮則是「快樂毛皮」等等這類的稱呼方式。結果，也促使人工素材展現出新的可能性。這便是婉轉說法的奇蹟。其中最成功的命名大概是「快樂毛皮」（fun fur）吧！

那是在1960年代起的名字，是積極運用易於染色、能夠做出大

膽的設計等等這些仿製品特色而誕生的造毛素材。
這不用害怕被動物保護團體潑番茄汁，名副其實是
「快樂的獸毛」的產品，催生了許多新穎的服飾商
品。

　　2002年秋冬以來，人氣逐漸升高的毛皮小
物，就是這種東西的延伸。色彩繽紛的手提
包、腰帶、靴套等等，在在洋溢著只有「快樂毛
皮」能夠帶來的樂趣。令人感到興味盎然的是，據說雖然怎麼看都
像是仿造品、實際上卻是正品的毛皮也混雜在其中。

　　想要藉口「看螢火蟲」而跑出去，首先好像也必須要有真的螢
火蟲才行。這種心情還真是複雜呢！

冷酷的眞相不如美麗的謊言

Trompe-l'oeil

遠遠看起來像是珍珠項鍊的東西，事實上卻是畫在罩衫上頭的圖案。那正是透視的幻覺效果，稱之為「Trompe-l'oeil」。

「Trompe-l'oeil」一詞在法語中帶有矇騙眼睛的意味，一般翻譯成「錯視畫」，就是會讓人產生錯覺，使虛構出來的謊言看起來像是真實事物的畫。

當然並不是因為買不起項鍊才在衣服上畫一條代替，而是懷著「珍珠項鍊算什麼！」這種戲謔的心情，而穿上這件衣服的。實際上，甚至還有價格比貨真價實的珍珠項鍊還要昂貴的錯視畫罩衫，那又是無法深究的「噱頭時尚」。

然而，在調查以往錯視畫被運用的歷史當中，我發現了與其說是意想不到，不如說是令人訝異到呆立在原地這種感覺的事例。

故事發生在第二次世界大戰時被德軍佔領的巴黎。據說當時的女性們無法忍受讓佔領軍看到自己為物資缺乏而苦的模樣，於是用

畫在T恤上的領帶，有著錯視、幻覺的效
果，是時下極具噱頭的年輕時尚風格。

墨水在裸露的腳上畫上長筒絲襪，作為一種
「抵抗」的手段。那正是一幅說著「長筒絲襪算什麼！」
的錯視畫。

或許也有明顯看得出來那就是在說謊的錯視畫，然而這卻是一
個關乎法國女性尊嚴的透視幻覺。不難想像這個謊言，給了已經處
於極限狀態的巴黎人不少的勇氣。

關乎尊嚴的謊言所能給予人們的力量，確實有可能遠遠大於真
相，詹姆斯・艾弗利（James Ivory）所導演的電影《金色情挑》
（*The Golden Bowl*），就是在描述這樣的例子。在這部電影當中，
每個登場的人物都為了捍衛自己所愛而撒盡了謊。其中最令人印象
深刻的是鄔瑪・舒曼（Uma Thurman）所飾演的女主角說出的最後
一個謊話，這個謊在最絕望的狀況底下發揮出最大的限度，保全了
她的尊嚴，其他人即使都知道她是騙人的，卻也都給了她深深的包
容。藉著謊言跨越絕望的女主角，最終決定在新天地中充分地讓自
己的才能開花結果。那是一個冠冕堂皇地將「我不想對自己說謊」
這句話輕易放棄掉，再怎麼想要脫逃也無法逃開的悲慘境地。

如果再想得深入一點，似乎可以發現錯視畫一直在用無傷大雅
的謊話，戲弄著到處傳遞「真實的自己是最棒」這訊息的現代潮
流。這或許也是我的錯覺吧！

違反道德又如何
Immoral？So What？

　　一點也沒有會倒楣的顧慮，十字架飾品非常受歡迎。

　　十字架飾品的人氣一開始是在明星和模特兒，也就是所謂的「名人」之間被點燃起來的。2002年5月下旬，本部設置在梵蒂崗（羅馬教廷）的天主教團體，對這樣的女用飾品提出了非議。

　　「把象徵耶穌受難的神聖十字架，拿來當作誇耀財富的裝飾品使用，這怎麼可以呢？」再加上買得起高價飾物的「富人」，將世界上正承受著飢餓之苦、為數眾多的「窮人」拋諸腦後，這是違反基督宗教精神的。

　　被指名道姓批判的人，包括收購了一對價值四萬公債（約台幣七百八十萬）的鑽石十字架的維多莉亞

十字架飾品代表著高貴華美、精巧內斂，以
及硬朗帥氣中，永遠透著一絲神祕。

與貝克漢夫婦、艾爾頓·強（Elton John）；模特兒娜歐蜜·坎貝爾（Naomi Campell），以及女星凱薩琳·麗塔-瓊斯（Catherine Zeta-Jones）、伊麗莎白·赫莉（Elizabeth Hurley）等等。

梵蒂崗提出非議當然是很正當的，然而這種非難並不是從今天才開始的。時尚的歷史常常伴隨著來自宗教團體或道德主義者的「義正辭嚴」的非難。艾林·瑞貝羅（Aileen Ribeiro）所著的《服裝和道德》（*Dress and Morality*，1986），就是一本描寫時尚和道德之間糾葛歷史的書。

根據瑞貝羅的看法，所謂符合基督宗教精神的服裝是這樣的：「是一種可以表現出謹慎莊重之心的服裝。它並不是用來裝飾自己的身體，而是為了能夠服務貧乏之人，以便於奉獻出時間與金錢的樸素服裝。」

拂逆這個理想的服飾，一直以來全都遭受過「反基督宗教」這類言詞的責難。中世紀前葉的尖頭鞋如此、十六世紀的摺領如此、十七世紀在臉上貼黑痣、十八世紀的鯨骨或鋼絲裙撐（用來撐開蓬裙的特殊貼身衣物）也都是如此，還有七○年代的嬉皮和龐克也一樣。也就是說，這種非難幾乎全部佔據了大約為期兩千年左右的時尚史。

八世紀的鯨骨或鋼絲裙撐，用來撐開蓬裙的特殊貼身衣物。

　　而談及這種非難的成果，可說是一個勁兒將流行逐步推向極端的方向，使得時裝不斷演化升級。

　　正因為如此，所以我們可以看見作為飾品、款式多元且頗受歡迎的十字架飾品到處被製作的這個事實，此後將非常自然而然地被納入歷史洪流之中。雖然非常諷刺，但是因為梵蒂岡的責難所造成的反效果，十字架飾品的流行大概又會為時尚史添入新的一頁吧！

　　這樣太不像話了？或許吧！然而話說回來，正確的道理不見得完全適用，相反的，時尚的愚昧也具備著力量。

玩弄死亡意象
Bad Taste or Memento Mori

「骷髏系列飾品」以及「骷髏主題」正在流行。

似乎是被在年輕世代中廣受歡迎的骷髏商品所帶動了，瑞士的高級鐘錶製造商果姆（Gorm）也發表了適合富有成年男性佩戴的骷髏系列珠寶。除了戒指和手鐲之外，還有黃金袖扣、點綴著鑽石的頭蓋骨鋼筆等等，華麗的骷髏圖樣設計，陸陸續續地登場。

拿著會讓人聯想到死亡的骷髏頭當作身上的裝飾，是一種惡趣味嗎？大概吧！那確實會讓看到的人一瞬間就感到毛骨悚然。然而，卻也不能就此斷言骷髏飾品只是一種頹廢無用的惡趣味。

舉例來說，早在十六世紀伊莉莎白女王在位的英國，就已經頗為流行的骷髏指環，確確實實含有道德的意味。那正是一個「死亡信號」（所謂「請你千萬不要忘記人都會死」的警告）。與同一時代的畫家，霍爾班（Wolfgang Hohlbein）的畫作《使節》中的「隱藏的骷髏頭」（從正面看不出畫的是什麼，但是斜著看就會發現那是

骷髏頭）意義相同。骷髏指環不斷述說著「要了解死亡終將到訪，奮力活在當下唷！」、「必須知道現世是虛幻的！」，一再鼓動著生者的驕傲。

骷髏圖像的飾品，總讓人有種酷炫又有個性的印象，在此之餘，也多了一種神祕的死亡色彩。

納入死亡意象的時尚，事實上並不僅止於骷髏飾品而已。例如，在法國大革命最轟轟烈烈、正值恐怖的政治時期，在當時男男女女之間流行的，是所謂「遇難者」的髮型。其樣式是露出脖頸的捲曲短髮，或是往上編的髮式。那是為了讓上斷頭台的犧牲者、人頭落下的一刻不會造成困擾，而將他們的頭髮剃到脖子之上的髮型，當時的人們甚至還會費心地在頸子上繫上紅色的窄版緞帶以代表著刀痕。

另外在1860年代流行於倫敦的，叫做「米勒・卡頓」（Miller Cutdown）的低山形大禮帽，據說也是如此。那是名字取自犯下全世界第一宗列車車廂殺人事件的米勒・卡頓的帽子。米勒將被害人那高傲的大禮帽換成自己的帽子後藉機逃走，並且趁沒人注意的時候，將禮帽圓筒的部份削短，似乎是打算藉此隱匿自己的行蹤。結果，那點小小手工遭到識破，米勒因而遭到逮捕。雖然最後在群眾面前被處以絞刑，不過那之後，低山形大禮帽卻也被冠上米勒之名，漸漸地流行起來。

死亡信號是惡趣味嗎？或者根本脫離它背後的意義，這一切純粹只是一種具有衝擊性的裝飾品？最足以鼓動「生者之驕傲」的時尚，便是與死亡意象之間那親密的遊戲……。

在圖騰和刺青之間
Enthusiasm

在電影《機器戰警II》（*MIB II*）當中，飾演機器人惡女的女星里拉‧芬（Lila Finn）曾在《試映雜誌》（*premier*）的專訪報導中，說過這樣的話：「經過圖騰飲茶室前面時，一聽到電動雕刻刀的聲音，就會忍不住停下腳步。」「圖騰飲茶室」與「刺青沙龍」跟緊張黑暗感相差得太遠，反而飄散著酒吧的氛圍。

對英語語系的人而言，刺青紋身似乎只不過是我行我素的時尚之一。我在英國停留時，也察覺到了這一點。在炎熱的季節中，到處都可以看得見刺有一塊塊刺青的手腕和肩膀。

說起來，相較之下，他們的紋身圖騰總散發著快活明朗的氣息。貝克漢也在自傳《貝克漢──全都是為了美好的勝利》中，洋洋得意地公開了刺著守護天使和兒子名字的紋身照片。

追本溯源後發現這個辭彙，被納入英文中，是西元1769年的事情。「刺青」這東西，是從古埃及時代就開始了，在所有文化圈中

都可以見得到的身體裝飾。在英國雖然也早就存在著相同的情形，不過好像主要還是被視為一種「懲罰或者附屬者的符號」。在1769年，航海家庫克船長（Captain Cook）在這裡登陸，才將大溪地（Tahiti）的「tatau」（圖騰）帶進來，作為象徵「彼此碰觸、交換愛情和信賴，互相認定的證明」而在身上紋下的記號。於是，被當作一種充滿異國情調的文化來介紹的刺青，和「tatau」這個新的英文單字一起，在這裡落地生根。

一開始雖然是以水手為中心流行起來的，不過到了十九世紀末，刺青風潮也在王室成員和貴族之間普及開來。據說1882年，愛德華七世的兒子克拉倫斯公爵和約克公爵（後來的喬治五世）在訪問日本之際，曾經去向有名的紋身師參訪致敬，並在手腕上刺了龍的圖騰。自此之後，在許許多多的富裕的英國人和海軍將校之間，非常流行到日本找紋身師刺青，到了1890年，圖騰紋身對英國貴族而言，完全演變成一種「稍微有一點時髦的叛逆行為」。

圖騰紋身作為一種流行，一口氣大放異彩是在1960年代，阿諾德・魯賓（Arnold Rubin）把開始帶有一點成為藝術潮流可能性的刺青大風行，命名為「圖騰文藝復興」。

歷經圖騰文藝復興，而完全從「原始意義」中解放出來的圖

早在古代阿拉伯世界與羅馬帝國，即以刺青代表階級的象徵，到了現代，刺青不分男女、不分種族，刺在身上的圖案表現的是自己的個性與風格，刺青藝術正蔓延至全球各地。

騰，有的是像貝克漢一樣，被當作是一種「人生永恆的象徵」紋到身上；有的則是像里拉‧芬，只因為被電雕刻刀的聲音吸引，就衝動地紋在身上，成為一個心血來潮的烙印。乍看之下，這是兩種完全對立的出發點，然而，把它們全都看作是一時狂熱的證明也並不奇怪。因為被我們視為「永遠」的事物，經常不是如此（就算是兒子，總有一天也會離開父母親）。

將一時的狂熱永遠烙印在身上。圖騰紋身給人的那種我行我素、蠻不在乎的印象，看起來似乎是掩飾了其本身具備的愚昧和神聖性。話說回來，因為那種「愚昧和神聖性」而感到悔恨的時刻，終將到來。英國的《標準晚報》曾經報導，根據英國皮膚科學會會刊中的調查報告顯示，刺青後感到後悔的人數比例居然高達75%。後悔的因素很多，失戀、死別都是。畢竟，人們還是不會想將已經分手的戀人名字，永永遠遠地烙印在自己的身體上。

那麼，後悔了該怎麼辦呢？提起這個，比方說曾經在右臂上刺了「Winona Forever」（薇諾納！永遠在一起）傳達愛意的強尼‧戴普（Johnny Depp），在與薇諾娜‧瑞德分別之後，將刺青改為「Wino Forever」（酒鬼！永遠在一起）；而與比利‧鮑伯松頓（Billy Bob Thornton）分手之後的安潔莉娜‧裘莉（Angelina Jolie），手腕上的比利名字，也消失得一乾二淨。

正因為是「消除」，所以這個工程似乎必須耗費比紋身時更多的時間和金錢。話雖如此，但是在消除刺青的過程中，不得不感受的肉體疼痛，對心靈而言，反而是某種程度上的療癒也說不一定。

精密計算出來的不修邊幅

customize

　　提起2001年秋天，格外能引起話題的丹寧布（Denim，即牛仔布），最具代表性的大概是打從一開始就本著舊衣風格，這裡那裡到處開出破洞的D&G牛仔褲吧！因為這個品牌每一件褲子的破洞方式都不一樣，所以又有「訂製牛仔褲」（customize jeans）的稱號。之後，更以「破牛仔褲」（destroyed jeans）完全攻佔了基本款的位置，成為破洞牛仔褲的始祖。

　　所謂的訂製，是配合顧客各自不一的需求，而製作或加以修改的商品。既有把產品改裝成自己專屬式樣的「訂製摩托車」，也有在衣襟邊緣加上胸花的「訂製浴衣」。市面上有一開始就設計成可以自由添加裂縫和破洞的訂製牛仔褲，當然是很好，不過相對地，這樣的牛仔褲一件大概要五萬日圓（約台幣一萬四千元）。如果是有顧客，才有所謂的訂製牛仔褲，那麼這種褲子，究竟是因應哪一種顧客的需求而製作的呢？

那就是「波希米亞」。

這裡的「波希米亞」，指的是戴著名貴的手錶、搭乘自用的噴射機或高級轎車，到派對中去放浪行骸的一群人。他們被稱為「布波族」。他們的財力與自信，很多時候都是藉由從事IT產業或娛樂事業所帶來的。由於他們是「冒牌的」波希米亞人，所以有時候也會被揶揄為「偽波希米亞人」（fauxhemian）。

關於他們大大方方地穿著有破洞的牛仔褲這件事，似乎會令人感到，那也是在宣示著他們擁有著身分地位，不需要像穿著毫無污損、閃閃發亮的新品，才會感到安心的保守小市民一般。而且好像是為了更進一步強調，他們沒有必要擁護保守的裝束，或遵守修飾打扮的規則似的，這群布波族中，甚至還有不少人蓄著以釐米為計算單位所精心設計出來的邋遢落腮鬍。

布波族（bobo）一字是bourgeois bohemian（中產階級式的波希米亞人）的縮寫，為1980年代「雅痞」一詞的衍生詞，形容1990年代之後，隨著資訊時代高度的創作空間與快速的財富累積，而來到中上到上層階級的新高級知識份子。

這種鬍子從前在英文中被叫做「設計師鬍子」（designer stubble）。這個名稱的出現，據說是在1980年代後半，而正值「設計師風潮」的那個時代，也催生了「設計師水」（designer water）、「名牌社會主義」（designer socialism）這一類的辭彙。所謂的「設計師水」是瓶裝的時髦高價礦泉水的總稱；而所謂的「名牌社會主義」則是胎脫自當時「英國工黨」的思想體

系，一種走感性形象路線的社會主義。外表看起來總是高高在上、擁有特權的感覺，實際上又如何呢？從「設計師」這個辭彙中，可以讀得出那種注入了譏諷意味的揶揄。

在「設計師」呈現飽和狀態的九〇年代，雖然「刻意留出邋遢鬍子」的流行只剩餘燼，不過近幾年來，可以這麼形容布波族：「主張不造作地將高級名牌穿在身上，是性感的」。所以「刻意不修邊幅、精密計算出來的邋遢風鬍鬚」，或者又該叫做「訂製鬍鬚」這樣的東西，似乎有可能會再度登上流行的舞台。

無論如何，因為類似的想法而產生的流行，過去也曾存在過。那便是十九世紀上流階級女性所引以為傲的「教養」。而她們所謂的教養，指的也就是少說錯點法語，或者是少彈錯點鋼琴樂譜的能力。

「有破洞的法文，加上有破洞的鋼琴演奏。」

因為「教養」是誇耀著不需要勞碌工作、有閒有錢、階級、身分、地位等等的東西，所以即使出錯也不礙事。她們的說詞是：「打算實際地靠著『教養』來謀生，是多麼小家子氣呀！」。現在思索起來，不禁理解到那也是一種「訂製的」教養。

訂製的教養，是如果搞砸了「出錯的方式」，就會被人發現原來是只會這點東西的拙劣之人，而訂製的牛仔褲則是假如弄得有一點不對勁，就會顯得窮酸。至於訂製鬍鬚要是留得不好，則很有可能變成純粹只是邋遢、沒在打理的鬍子。身處那種驚險的界限中，或許正是「訂製」的醍醐味吧！

隱形的有錢人
Stealth Wealth

每到「聖誕節商戰」開始、消費欲望被鼓動的季節，拿「為了犒賞努力替對我照顧有加的人買禮物而奔走的自己」為藉口，跑去購物，似乎也變成可以大大方方從事的休閒娛樂之一了。

另一方面，電視上恐怖行動及戰爭的新聞不斷、颱風和地震的受災戶們痛苦的處境，連日來也一直被報導著。穿著嶄新亮麗的新衣服走在街上，到底恰不恰當呢？我也一邊懷著這樣不安的心情。

大概就是在反映這種心情吧！備受矚目的商品中出現了所謂「看起來像是中古商品的新品」。那是打從一開始就添加像是穿過一陣子似的色斑和污漬、縐褶和摺痕〔這動作叫做「二手」（used）〕的衣服、鞋子和包包等商品。

因為模樣很像中古商品，所以價格應該蠻便宜的吧，才這麼想，就錯囉！這種商品的售價，竟然遠高於一點污損也沒有的新品。難道是因為加了加工費的關係嗎？

居然有人願意花費好幾十萬塊來購買沾著泥巴的皮夾克！筆者一邊這樣深深感慨著，一邊想起了這幾年英國很流行的一個字彙：「隱形的有錢人」（Stealth Wealth）。

請試著想想隱形戰鬥機（Stealth fighter）的樣子。因為機體上塗了可以吸取電波的材料，所以能不被雷達偵測到，而安全逃離，是那種「隱形」。而所謂的「隱形的有錢人」，也就是：乍看之下很樸素、儉樸，不容易被認出來的有錢人。不過事實上，這些人都有著在外行人覺得不可思議的地方砸大錢買東西的消費實力。

以前威卜蘭（Thorstein Bunde Veblen）曾在《有閒階級理論》（*Theory of the leisure class*）中，提出的「誇耀式消費」已經過時了。如今似乎只有採用像購買被認定為有價值的「昂貴中古風新品」這種頗具隱蔽性的消費方式，才是富裕的證明。

事實上這種隱蔽性的消費方式，在英國貴族社會傾向崩壞的十九世紀初年的紳士俱樂部中，也曾經出現過。想要排擠新興的中產階級的貴族們，在俱樂部中端出作為輕食的淡味紅茶、黑麥麵包加奶油，以及乾巴巴的麵包來吃。這是想要在對於新興階層而言，實在無法理解的儉樸飲食背後，是想跟他們撇清界限的舊仕紳貴族，所築起深具排他性的美學牆垣。因為「要理解這種豐富的滋味，是必需要擁有歷經好幾個世代傳承下來的文化素養」。

然而當真如此嗎？

不論是因為想要加入上流團體而裝模作樣的態度，或者是試圖藉著排擠正迅速竄升的階級，清楚表明自己與他們有差異的態度，

全都叫做冒充紳士。

在社會階級嚴明的英國，這種冒充紳士的戰爭在時代的變動期打得如火如荼，而如今在「隱形的有錢人」流行的背後，似乎也嗅得到一股強烈的「冒充紳士」氣味。「想要了解潛藏在這種儉樸穿著下的奢華，是必需要擁有知識（或訊息）的」，這個不斷努力分清彼此差異的觀念，令人感覺到社會仍有著階級存在。而往上提高的售價，也可以說是「冒充紳士費」。

話雖如此，在日本，表面上看起來沒有階級優越感的「隱形的有錢人」，有些即使冒充紳士，也沒辦法完全自我滿足，他們對於聖誕節特賣的貢獻，無非就是一種誇耀式消費，這一點到底是該覺得悲哀，還是該感到欣慰呢？

從鄉愁出發的改造
Ostalgia

據說在已經歷經了十幾年統一歲月的德國裡，人們懷念消失在歷史上的舊東德的情緒「Ostalgia」，也就是對於東邊的「鄉愁」（Nostalgie），非常熱切。

那正是在日本上映過的電影《再見！列寧》（*Good bye, Lenin!*）所引發的效應。這是一個兒子為了不讓身為忠誠共產黨擁護者的母親知道東德已經滅亡的事實，而不得不在剛從昏迷中醒來的母親周遭，打造出一個舊東德世界的奮鬥故事。

超市裡的東德商品一夜之間全都消失了，陳列在架上的全都只剩西邊的商品，而母親卻說想吃東德的醬菜，只好去垃圾桶裡面翻空瓶子出來重裝。被那部電影弄得又哭又笑的觀眾們，好像因此又開始穿起了舊東德共產黨青年部的藍色制服襯衫，舉辦起放著老歌跳著舞的舊式宴會了。

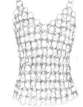

不論在布料運用或是剪裁上，江戶時代的棋盤花紋圖案、日本武士服的服飾細節強調的軍裝主題，展現了一種兼有中古世紀的古典氣質與富有戲劇化的魔幻新裝。

如果說人們對於已滅亡的東德的鄉愁後來演變成一股風潮，對於已經滅亡的西邊的鄉愁，則成了2004年春夏的流行主題。

那是參考美國西部拓荒時代中的牛仔形象（具體形象出自於描寫這個時代的西部片），所創作出來的西部風格。

話說回來，雖然見得到徹頭徹尾把自己打扮成牛仔的所謂「transvestite」（異性裝扮癖者、性別顛倒錯亂者），但是取自這個字的「transwestite」等相關的辭彙，卻必須用別種方法來詮釋。那跟顛倒錯亂一點關係都沒有，而是集結了附有特殊皮革裝飾的西部長靴，或是肩領部份做了變化的西部襯衫等等新款女用服飾，所推出的「輕西部」提案。

然而，流行過好幾次的西部風，似乎也並不能說全然是因為鄉愁引起的。已經滅亡的文化特別透過電影被放映出來，正因為少了些許現實的氣味，所以觀看的時候，才更能任由想像力奔馳。

武士文化也不例外。電影《末代武士》（*The Last Samurai*）的推出，也為2004年春夏的巴黎時裝展帶來了影響，高第耶發表了令人驚艷的武士禮服。梳著髮髻的模特兒身上穿著細部用雪紡綢點

綴的江戶風武士禮服，讓人聯想起鎧甲和護腕。那一面釋放著威壓四方的強勢感，卻也是非常纖細與優雅的武將華服，是一次非常大膽的改造。

真正的武士見到高第耶的武士，說不定會感嘆那根本像是個隨從；而看見Gucci的鱷魚皮製牛仔靴的牛仔始祖，大概也會嚇得直不起腰來吧！

然而若是能將某些消失後遭到遺忘的文化試著改造一番，其名稱和裝束就得以在後世持續流傳下去了。

從原本的體系切割出來的武士服或牛仔裝，千里迢迢地跨越了時間和場所翩然現身。這難道是忍術中的分身術嗎？

衣著並不能創造人

You are not what you wear

「星期一請確實穿著西裝」，這種所謂「盛裝的星期一」（dress up Monday）運動，正在被推廣中。其參考的範本，是美國的「盛裝的星期四」（dress up Thursday）運動。這個運動的由來，是因為有人認為，導致企業內風紀混亂、員工工作態度惡化的原因無他，正是休閒風的穿著。所以希望至少每星期一次，藉著在星期四導正員工服裝，為提升紀律做些努力。

支持著美國這個運動的論點是：衣著能創造人。自從1970年代，服飾達人約翰‧莫洛（John Molloy）撰寫的《致勝穿衣術》（*Dress for Success*）大受歡迎以來，人們做任何事之前，都會落實書中內容，先從考量服裝著手。

電影《上班女郎》（*Working Girl*）和《因為你愛過我》（*Up Close & Personal*）中的女主角也是，為了實現野心，首先從改變自己的穿著打扮開始。

在這種情況下，所謂「服裝的力量」，與其說是服裝直接給予穿它的人力量，不如說是改變旁觀者眼光的力量比較確切。周遭的觀感一旦改變，著裝的人本身也會跟著改變。因此，一個人的形象便藉由他人的視線觀感，被打造出來了。

在休閒風當道的今日，有些企業仍注重穿著正式服裝所帶給人的力量與觀感。

「衣著創造人」的力量，在人們似乎總是了解著彼此底細的日本社會中，可是遠遠不及美國的！因此，「盛裝的星期一」運動也是，與其說是擔負著提升公司風紀的責任，不如說是承擔著促進西服銷售業績的任務比較好。這與好幾年前流行過的「休閒風星期五」如出一轍。

難道說從前的休閒風運動，背後顯現的是日本上班族那不可改變的紀律嗎？那豈止並未打壞公司內部的風紀，反而是產生了像「即便在公司時可以穿休閒服，要外出或接待客人時也必須換成西裝」這樣的新服裝規定，這可真是清楚地證明了日本人是愛好禮儀的民族呢！的確，那正說明了「服裝可以表現一個人」。

話說，日本的休閒服品牌「UNIQLO」在倫敦開第一家店時，曾經打出了這樣的標語：

「衣著並不能打造一個人。」

誠然，那雖然只是主張「服裝的價格和人的價值絕對不成比例」的UNIQLO式廣告詞，但是同時當作描述「人不容易被穿著改變」的日本人性格，也有擁有著巧妙的說服力。

主流圈外的B系

B-Kei

才色兼備、影響力又強的傑出女性被稱呼為「Alpha girl」（α girl，女性團體中居主要領導地位的成員）。「Alpha」這個字給予人「菁英中的菁英」這種邁向王者之路的印象。

然而，在牽引時尚的力量之中，比起Alpha，時常贏得勝利的反倒是Beta（β，佔第二位者）。從街頭流行起來的「B系」穿著風格，最近也大行其道。所謂的B，既是Block & Soul和beet（甜菜）的第一個字母，也含有著棄「Alpha」的王者之路而不顧，從旁另闢蹊徑的語氣。在這裡指的並非第二名，而是另外的道路。

在行銷的領域中，B也變成了非常受矚目的事。在這裡所謂的B，指的是讓「流言／口碑」像蜜蜂拍打翅膀的聲音一樣嗡嗡地擴散的「Bee」（蜜蜂）。如此說來，利用這個「Bee」理論而運行的口碑行銷，相對於必須耗費大筆預算做廣告的「Alpha」的方法，也可以稱之為另一種「Beta」的做法吧？

　　自從葛拉威爾（Malcolm Gladwell）在其著作《引爆趨勢》（*The Tipping Point*）中，分析口耳相傳對市場的支配力中發現，連帶而來以低預算引爆的流行現象，也可以說是口頭傳播法則的一種，不過不僅是行銷界，各個領域其實都相當關注這個現象。之後，艾曼紐‧羅森（Emanuel Rosen）著述的《口碑行銷》（*The Anatomy of Buzz*）、馬里安‧賽爾茲曼（Marian Salzman）等人合著的《口碑》（*Buzz*）等等口碑行銷相關書籍被陸續出版。那是宛如圍繞著「口碑行銷」這個話題書寫，因而創造出這種行銷法的「口碑」。就法則而言，每一本著作所寫的都是一模一樣，而馬里安等人合著的最新的那一本論述中，最有趣的地方就是對現代消費者群像的劃分：

■ 1%的Lunatic Fringe（極端主義者、狂熱份子）
■ 8%的Alpha（引領潮流者）
■ 20%的Bee（傳播資訊、推廣潮流的人）
■ 50%的主流
■ 20%的落伍者

　　他們所定義的Alpha，指的是知覺敏銳、引領潮流的人，而所謂的Bee（蜜蜂），則被認定是負責把從Alpha那兒得來的資訊擴散到主流層、擔任潮流推廣工作的人。與一般所理解的Alpha和Beta的語感略有差異，正因為有著第一名的Alpha存在，才造就擁有特色的

主流圈外的B系，在行銷上扮演著舉
足輕重的角色。

Beta，就這點來看，兩者的位階其實是相同
的。

在口碑行銷中，掌握和運用這28%雖然是最
重要的事情，不過作為一個甚至被比喻成昆蟲的
消費者，心裡還是會想要支持那群在主流圈外的B
系，不是嗎？因此在這種情形下，行銷專家所斷言「不必理會」的
極端主義者，或者是「落伍者」這兩種「行銷目標對象」之外的族
群，就極有可能會衍生出另一種B系的感覺囉！

這麼說起來，那麼「落伍」變成一種時髦的日子，應該已經不
遠了吧？

一時的風尚

Fad

■

■

■

「頭巾」（Taupan）和「泰國布褲」（Taipantu）在年輕人之間正相當流行。

話雖如此，這種出現後轉瞬即逝的潮流也不少。既然是那種情況，也就不需要窮盡言辭來解說它了。就算想要解釋，也會感到力不從心，因為恐怕沒有像日本有這麼多一時興起的風尚的國家了吧？

我經常思索其中的原由，唐納・理奇（Donald Richie）的《影像工廠》（*Image Factory*）這本現代日本文化論，則剛好為我提供了相當新穎的觀點。

根據理奇的看法，日本人喜歡新奇事

頭巾與布褲，也是營造民俗風的必備單品。

新穎的短外套隨著韓劇當道，
也掀起一股流行的風潮。

物、愛好變化，乃是自古以來的傳統。他帶著某種美學觀，形容這種現象是「浮生若夢」。

　　咦？所謂的「浮生若夢」，說的不就是看見滄海桑田、物換星移，而感到黯然神傷的狀況嗎？順帶一提，《新明解國語辭典》的兩個定義為：「自然、人事所帶來的無常感」。哎呀！原來理奇就是領悟了日本人面對那獨特的無常感時，抱持的是一種「積極迎接變化」的態度啊！

　　請容我稍稍為這段冗長的敘述，做一個粗略的總結，如下所述：對日本人而言，世事的變換是自然運行的道理，也是一種好的現象。因此，新的事物總是一再衍生，取代著不斷消逝的事物，而那是一種前進。因為，放棄是催生新事物的動力。

　　誠然，「浮生若夢」也可以解釋成「非常淺薄」，足以成為一個理論，說明日本特有的高速潮流漲退現象，以及新產品一個接一個誕生的現象（在外國人看來，這些現象或許是一種自取滅亡的行為）。

　　再者，「一窩蜂趕流行」這種同樣是日本人獨有的現象，又該怎麼說呢？

　　理奇表示，日本人壓根就不是崇尚「和平」的民族，而是擁有強烈競爭心態的民族。「和平是理想，現實可並非如此！」他如此斷言。他還說，正因為如此，所以聖德太子才不得不在憲法第一條就特地規定「和平」是本法令規章的依歸。面對競爭引來的混亂恐慌，只有靠著強制要「和平」才能驅除、消滅破壞和平的因素（就好像注重秩序的日本庭園或盆栽一般）。到頭來，便形成了「只有跟大家一樣才會感到安心」這種日本人獨有的態度，理奇是這樣告訴我們的。

　　那也就是說，為了「和大家一樣」而競爭非常激烈的現在，正是競爭的心被「和平」的規矩壓抑，所造成有些諷刺的結果嗎？

　　正在這麼嘟噥的時候，下一個潮流又轉移到夏威夷衫上頭了。

你我都是名流
Celebrity

　　來看看「漫才」（對口相聲）和十分流行的協力合作的「漫服」。吉本興業的新人漫才師們穿上日本時裝名牌的衣裳，走上佈置著鮮花的走道，擺好姿勢後，開始展現自己的才藝，即使是當作服裝秀來觀賞，也會覺得非常有趣。雖然，即使是穿在現實感稀薄的模特兒身上，也只能當作「藝術品」般看待的花俏服裝、個性化的身材、表情和走路方式，都是「藝」的一部份，不過當漫才師們一穿上身，卻好像忽然產生了真實感一般。服飾是會反映著裝者個性的東西，會讓人確實感覺到主角仍舊是人本身，而不是服裝。

　　話說，最近「名流時尚」風潮被點燃，追根究底也是對把令人不得不問出「是誰在穿的？」那種服裝穿上街的人感到好奇。雖然名流一般指的是「名人」，不過在這裡，代表的多半是像芭莉絲・希爾頓（Paris Hilton）、珍妮佛・羅培茲（Jennifer Lopez）這類性感又奢華的女性。她們那些光怪陸離的緋聞日漸取代太過暴露和閃

亮的高價服飾品，而沐浴在鎂光燈之下。

由於她們在媒體上的曝光率增加了，隨之而來的、時尚範疇中的「名流服飾」，甚至連UNIQLO都有出品。「適合大眾穿的名流服飾」（請不要挑這句話的語病）是，「光鮮亮麗」、「剪裁合身」、「有一點暴露」沒什麼可挑剔的服裝。

由於是給具影響力的名流穿，所以即使在超現實的嘉年華會服裝秀中，穿著這類品牌服飾、坐在最前排的名流們一定比秀本身的內容，更受到媒體的關注。而且因為她們身著由設計師所提供的服裝，不但成為活廣告，連自身的價值也跟著水漲船高。即便如此，觀賞服裝秀的觀眾，比秀本身更有報導價值，這實在是很怪異的現象。

而產生這種奇特現象的另一個背景，似乎是在於被發表出來的服裝，得不到客觀評價的報導這個事實。米雪兒‧李（Michelle Lee）所寫《時尚犧牲者》（Fashion Victim）一書中，就毫不留情地大舉披露，正常時尚評論系統是無法建立

說到時尚名流，就會提到奧黛莉‧赫本與紀梵希的合作。自電影《龍鳳配》開始，紀梵希捕捉了赫本純潔高雅的氣質，以其設計的服飾使她煥發優雅明亮的光芒。這除了促成兩人數十年的合作與友誼外，更讓這名法國大師從此揚名國際。後來赫本與紀梵希在《甜姐兒》、《黃昏之戀》、《第凡內早餐》、《巴黎假期》、《偷龍轉鳳》等影片的合作，可說是最成功的電影與時尚組合，至今仍傳為影壇佳話。

的，以及媒體和流行商業體系之間的親密關係。據書中所述，一些會被安排到好座位的時裝評論家，以及需要他們提高銷售率的設計師之間，魚幫水、水幫魚的關係，催生了廣告文宣和置入性的新聞報導。

服裝的報導一旦進入這種模式，報導名流和她們身上的服裝，可就有趣多了。因為這個緣故，如今的「時尚新聞」當中，捕捉的不是秀場觀眾席的風景，就是只有在服裝秀結束之後的慶功宴上搔首弄姿的名流。原本應當成為主角的參展服飾反而退居其次。

那正是服裝和人之間原本的關係呀！

打破服裝規定的方法
The Mystery of the Dress Code

「規則至少是個指導方針」這句話，是強尼・戴普演得格外出色的搞怪電影《神鬼奇航》中的台詞。話說，規則既不是什麼特別的法律規章，犯了規也並不會受到什麼懲罰，僅是用來當作潤滑工作和人際關係的，一個全部的人都清楚明白的方針而已。就這一點而言，做海盜的規則和服裝規定，也不無相似之處。

我不禁感到茫然，在這個「每個人都有照自己意思穿衣服的自由」的時代裡，為何所謂「服裝規定」這種東西，還擁有一定的效力嗎？一展開調查就發現，這種規定還真是一言難盡！且讓我盡量把大量而龐雜的規定方式做個分類，如下所述：

第一類：作為一種禮儀（外交禮儀）的服裝規定

這是先於個人的禮節或禮貌、不得不優先尊重的國際性禮儀規範。在這種層次的場合中（皇宮中的晚宴或是例行宴會之類）被指定的、所謂的「燕尾服」或「小禮服」，是沿襲外交部所編輯的《國

際禮儀十二章》中，所列出的方向而制訂出的正式服裝，同時也是舉辦宴會的單位，要求受邀來賓穿著的規則（禮儀規定）。所謂的禮儀規定，也意味著各種婚喪喜慶的服裝規定都包含在內。

第二類：為了恪守規律與秩序，已成為一種文化的服裝規定

為了不使軍隊、學校、專業體育活動、企業等等地方與場合的紀律和規矩遭到破壞，管理人員這一方，強制地訂下了詳細而具體的規則（條規），若是不守規則，也有可能會受到懲罰。

第三類：為了確保地方場所維持同一種氛圍，由主辦者這邊指定的服裝規定

輕航機飛行場、各式宴會、餐廳中的主辦者或是經營者所指定的「輕便休閒服」、「西裝洋服」、「便服」等等這類抽象的服裝規定（或者說是基準）正是這一類。像是「身上要有一條龍」這一種為了加強場合的凝聚力、歡樂氣氛的服裝指示（或說是約定），也是這一類服裝規定的變形版。再者，像是印度土幫主一定穿黑色立領上衣（或者特殊的下半身？）那樣，為了挑選、過濾某些客人而訂下模糊的服裝規定，大概也可以算進這個類別裡面吧！

第四類：約定成俗的服裝規定

沒有誰規定什麼，但團體的成員卻不認為如此，自動自發遵守的服裝規定。社會上某些地方，都普遍有這種約定成俗的服裝規定。沒有特定服裝規定的辦公室當然不用說，在公園裡初次登台時、主婦之間的午餐、參加家長會等等（各種社會性的活動）中，不僅都有這種情形，而且如果大剌剌、天真不懂世故地穿錯服裝，

也很容易受到社會的批判、排擠。

再者，即使是在「獨創性衣著」誕生之地的裏中目黑、裏原宿，是否擁有關於「街頭主流」的服裝規定（等於一種身分象徵）知識，也變成一種區分「人種」的基準。

從側面看，這些各式各樣的服裝規定具體內容，時時刻刻在變化中。

第一類中，在大部分的情況下，創造出須遵守禮儀的場合的、製造出改變規定的契機的，都是身分非常高貴的那一方。至於平民，若是去打破服裝規定，只會自取其辱。不過假使有王室的成員，也奉行某種打破成規的方式，下一次這種穿著方式，就會有機會翻身，被扶正成為正式的規定，這種情形並不算少。

最時興這種做法的，是皇太子時期的溫莎公爵。比方說，在1933年，搭配白色領結的燕尾服還是正式晚宴裝的時代，黑色領結和無尾晚禮服搭配而成的所謂「小禮服」這種打破成規的裝束出現了。之後，一如大家所知，燕尾服被擠進傳統服飾的殿堂中，小禮服取而代之，成為標準的晚宴裝。

目前最受眾人矚目的服裝焦點，仍舊在英國皇室，她是薩拉·菲利普斯（Zara Phillips）安妮公主的女兒，2003年在皇家賽馬大會引起熱烈話題。要進入皇家賽馬場（特別席）的女性被要求穿上

文中所言「獨創性衣著」誕生之地的裏中目黑、裏原宿。所謂裏中目黑，指的是中目黑後方一帶；裏原宿，指原宿後方一帶，也就是竹下通、明治神宮等地。

英國威爾斯王子參加2006年英皇家賽馬會
開幕會時所穿著的正式禮服，包含燕尾
服、帽子、背心、領帶以及傘。

「正式禮服」，即是必須穿著能蓋住雙肩的上衣、
裙子也要長及膝下，並且戴上可以遮住頭頂的帽
子。話雖如此，這位薩拉卻穿了露肩背心和縫了
厚厚裡襯的緊身裙出現，而且她所戴的帽子樣式，
是僅僅在額頭上方別有一朵花、露出頭頂的設計，
她叛逆而放肆地打破了既有的成規。

　　不過話說回來，在平常人的各種日常社交場合中，身上只露出
一點點的穿著，也真的是很稀奇的，與其說那樣是遵守「禮儀」，不
如說是一種保守時代的錯誤看法。從正面來解讀，薩拉所引起的效
應，或許可以說是一種為了磨合世界潮流和「禮儀」，而刻意犯規的
行動。

　　察覺第二類和第三類服裝規定的變化，藉著打破「禮儀」的做
法創造符合時代潮流契機的，依舊還是一種「高貴人物在道德或慈
善上應有的義務」。無論如何，薩拉勇於嘗試的成敗，都會呈現在今
後的「禮儀」中。

　　提起給予了那些「禮儀」不小影響的第三類和第四類服裝，就
更不用說了，像這種常見的日常社交用的服裝規定，是最令人傷腦
筋的。

總之，作為一種眾所皆知的不成文慣例，絕不只是照著規矩穿著打扮就好那麼簡單。慣例中，不管是採用「取下不適合自己的」穿著打理方法，或是拘泥於挑選「適合身高」的裝飾品，都是為了要追求所謂的「個性化」！

不過到頭來，取下的東西和挑選出來的適合身高的飾品，都已經公式化了，甚至有時候，會有大家所取下和挑選，都是同樣東西（極度自相矛盾）的光景出現，不過，那樣是不也代表著，大家正互相打出有認真學習社會規範的「暗號」呢？

而且，基本而備受仰賴的「慣例」，事實上也徹底受到流行的浪潮影響，時時刻刻在改變著。昨天的藝術是今天的時髦，今天的休閒風是明天的半正式服裝（直到好幾年前為止，當紅的T恤和牛仔褲，都仍是半正式服裝以外的必備服飾），非得仔細觀察周遭的變化，日復一日不斷感知細微的空氣變化不可。不管是要靠著漂亮的冒險贏得喝采也好、或者是不甘被埋沒，努力創造不凡也罷，完全都是依個人的知性和胸懷而定。

其實那樣的事不只在服裝規定中出現，也可以說是幾乎普遍存在於所有的社會行動當中吧！越了解所謂的服裝規定，就會越發現，那根本是一個人為的保守系統。

風格和時尚
Style and Fashion

「風格」和「時尚」，究竟是哪裡不一樣呢？

當我正思考著這個問題，想著從語源開始說起，未免太過無趣，而且也無法充分表現出差異的同時，恰好看見了英國的《週日時報》（*Sunday Times*），專欄作家吉兒（A. A. Jill）一針見血的文章：「風格是藝術，時尚是工藝。藝術是藉由打破常規而誕生的，工藝則是藉著遵守規則而成立的。」

也就是說，藉由特定的規則，或靠著流行的無聲輪替而成立的東西叫做「時尚」，打破這兩者而被創生出來的東西則是「藝術」。正因為如此，擁有違反規則與流行的勇氣的人，一目瞭然就是「有風格的人」。

話雖如此，不知道規則，就一下子要走偏鋒的結果，也只是會顯得不像樣而已。去打破那種一眼就可以看穿的規則吧，我與東京銀座的高橋西服店社長高橋純先生談話時，他為我做了這樣的比

從1926年可可‧香奈兒設計了經典的黑色小禮
服開始，至今，整整80年過去了，小黑裙依然
有著無止境的魅力，傾倒無數的時尚大師、明
星和普通人。

喻，告訴我在放任想像之前，必須要有一定的基
礎與前提：

「畢卡索領悟到即使他做出比目前更好的
作品，也絕對超越不了相片，所以轉而畫抽象
畫；而作為風格領導中心，而享有盛名的溫莎公爵，
也是在將所有技巧都練習到運用自如之後，才開始找出個人風格
的。還沒學會走路之前，就想要跑，是失敗的開始！」

吉兒的「風格就是藝術」之說，也與這個道理相通，而畢卡索
與溫莎公爵更印證了這個說法！

話說，以作為女性風格領導中心，時至今日大受矚目的可可‧
香奈兒所催生的傑作之一，是「黑色小洋裝」（Little Black Dress,
LBD）。每當舞會的季節一開始，服裝店裡陳列最多的洋裝，即是這
種簡約黑色洋裝的變奏曲。

在大量使用鮮豔的色彩或布料、金銀裝飾品，極力創造華麗裝
束的1920年代中，香奈兒發表了像是要抵抗時代潮流似的黑色小禮
服，被喜歡做過度裝飾設計的設計師保羅‧波瓦雷（Paul Poiret）
譏笑為「來參加誰的喪禮的？」或許這正是直接頂回去說：「你

　　的！」的香奈兒最艱鉅的一次挑戰也說不定。以結果看來，這件作品成功成為象徵「香奈兒風格」的永遠經典款。這非但不論給誰穿，看起來都很別緻的基本款服裝，也是可以加強穿著者自身風格的衣服，這便是這種服裝的威力。

　　改變英國已故王妃黛安娜的形象的，是為了迎合皇室時尚、在胸口挖空的黑色小禮服。讓平凡的模特兒伊莉莎白‧赫莉，一夜之間變成巨星的，就是用安全別針在前後留住一些布料的Versace的黑色小禮服。在基本的款式上，大膽地加入一些稀奇古怪的叛逆技法後，穿上身，她們便化身為「有個人風格的女性」了。

　　藉著打破基本款式、否定流行而催生出來的，就是風格。真正的風格是會被支持的，並且擁有永續的價值。然而，使風格發光發亮的正是時尚。風格和時尚，是推動服裝歷史的兩個巨輪。

本書第5、7、8、15、20、26、28、30（上圖）、31、37、48、55、
60、62、64、65、70、78、80、81、91、132等頁，感謝輔仁大學織
品服裝學系授權提供《輔仁服飾辭典》書中圖片。

時尚方程式＝（復古＋未來）　×　無限創意